Franz Josef Wagner
Brief an Deutschland

Franz Josef Wagner

Brief an Deutschland

Diederichs

Für Liv

Normalerweise brauche ich für die Kolumne „Post von Wagner" ein, zwei Stunden. Es ist für mich finanziell und geistig absolut tödlich, einen Monat lang über einen ersten Satz nachzudenken.

Den ersten Satz für diesen Brief.

Es ist jetzt 18 Uhr 27, im Haus gegenüber kehren Ehemänner/-frauen heim, ich habe sie schon morgens gesehen, als sie das Haus verließen und ich über dem ersten Satz saß. Gegenüber gehen jetzt die Lichter aus. Es ist 0 Uhr 21. Niemand wird die Schlafenden wecken, keine Gestapo, keine Stasi. Ist das ein guter erster Satz?

Deutsche schlafen sicher.

Nehmen wir an: Eine Naturkatastrophe hätte Deutschland vernichtet und ich wäre der letzte Deutsche. Und die große Stimme fragt mich: Warum willst du als Deutscher überleben? Was würde ich in meiner Not antworten? Wegen Luther, Heine, Beethoven, Goethe, Humboldt, von Stauffenberg, wegen der Heldenstadt Leipzig?

Ist das ein guter Anfang?

Ich denke, der beste Satz ist die Wahrheit.

In meinem Pass steht unter Staatsangehörigkeit: deutsch. Größe: 190 cm. Augenfarbe: blaugrau. Geburtsort: Olmütz. Olmütz hat mit Deutschland genauso viel zu tun wie Paris, Texas mit Paris, Frankreich. Olmütz, tschechisch Olomouc, ist eine Stadt in Mähren. Von ihrem Entbindungsbett hatte meine Mutter einen schönen Blick auf den Wenzelsdom. Mein Vater war bei meiner Geburt nicht dabei, aber sie bildete sich ein, ihn zu hören. Zweimal täglich starteten die Flugzeuge des Wetterdienstes der deutschen Wehrmacht vom Militärflughafen Olmütz, um den Heeren im Osten das Wetter vorherzusagen. Sehr früh am Morgen und gegen Mittag. Ich bin mittags geboren. Ich habe meinen Vater, den nach Olmütz abkommandierten Wetterdienstassistenten, erst kennengelernt, als ich schon Rad fahren konnte.

Ich bin ein Kind der amerikanischen Besatzungszone.

Meine Mutter floh vor der heranrückenden Roten Armee, meinen eineinhalb Jahre älteren Bruder mit einem Strick an ihrem Handgelenk, mich an der Brust. Ihr Problem war als Sudetendeutsche, wohin sie fliehen sollte. Zur Ostsee, zur Nordsee, zu den Alpen?

Gab es Deutschland überhaupt?

Jeder Mensch hat einen Schuhkarton, einen

Flohmarkt an Fotos. Ich habe zwei Fotos von meiner Mutter, sie sind bräunlich verfärbt. Wenn Fotos sterben, werden sie braun. Ich besitze das Hochzeitsfoto meiner Eltern. Wie ernst man damals in die Kamera sah. Ich habe das Foto, wie mich meine Mutter in die Luft wirft. Sie ist eine junge, glückliche Frau. Sie ist zweiunddreißig auf dem Foto. Man stelle sich heute eine Zweiunddreißigjährige vor, die ohne Bahncard, Mastercard, gültiges Geld, Handy mit zwei Kindern durch die Welt irrt.

Wir schliefen unter Bäumen, wir schliefen in Scheunen. Mit der „Berliner Erklärung" vom 5. Juni 1945 hatten die Alliierten die oberste Regierungsgewalt übernommen. Einen deutschen Staat gab es nicht mehr. Meine Mutter bettelte, manch einer gab was. Eine amerikanische Patrouille griff uns auf und brachte uns in das Schafhoflager bei Nürnberg. An das Lager erinnere ich mich. Kätzchen sagte meine Mutter zu den Ratten. „Es sind Kätzchen." Gegen die Bilder von Bergen-Belsen, Auschwitz, der Leichenberge, die ich als Schüler im Geschichtsunterricht sehen sollte, verbieten sich die Bilder meiner Erinnerung an unser Lager. Doch ich werde sie nicht los, auch als Erwachsener nicht. Sie sterben nicht, sie sind wie in einem Winterschlaf und wachen auf.

Ein zwei-, dreijähriges Kind sieht Dinge und sieht sie nicht. Augen vergessen. Erst mit fünf, sechs Jahren öffnet sich die Festplatte für einzelne Fotos.

Ein umgekipptes Auto mit Männern, die vorher noch sprachen und jetzt nicht mehr. Das muss vor dem Lager in meinen Kopf geraten sein. War es das Wehrmachtsauto eines deutschen Soldatensenders, das uns ein Stück mitgenommen hatte und aus der Luft beschossen worden war? Waren die Männer stumm, weil sie tot waren?

Ein anderes Bild zeigt, wie meine Mutter nach mir schreit, wie ich sie nie mehr habe schreien hören. Sie hatte mich im Flüchtlingstreck verloren, die Frau, die sie gebeten hatte, mich für einen Augenblick zu nehmen, hatte mich nicht. Meine Mutter schrie nach einem roten Fleck, der Farbe meiner Mütze.

Wie viele psychisch und physisch erschöpfte Mütter ich heute in meinem Bekanntenkreis erlebe, erschöpft vom in den Kindergarten bringen, von der Schule abholen, Ballett-Unterricht fahren, auf die Putzfrau, den Babysitter warten, den Freundeskreis halten, den Ehemann, das Gewicht. Schwer vorzustellen, dass sie die Enkelinnen der Trümmerfrauen sind. Sie würden nicht den Bruchteil eines Bruchteils von dem aushalten ...

„Schreib nicht so einen Unsinn", höre ich meine Mutter sagen, „bete, dass sie es nicht beweisen müssen." Meine Mutter hat immer Zuflucht bei Gott gesucht. Angesichts ihrer Lage gab es nur ihn. Vom Ehemann keine Nachricht, die Städte zerbombt. Auf unserer Flucht sah sie Würzburg brennen. Bis zu ihrem Tod zuckte sie vor einem aufflammenden Streichholz zusammen.

Berlin, Hamburg, Nürnberg: Kraterlandschaften, 3,6 Millionen Wohnungen in Deutschland zerstört, Millionen Menschen obdachlos, Hunderttausende bei Bombenangriffen getötet. Am 27. Februar 1945 schrieb Erich Kästner in sein Tagebuch: „Das dritte Reich bringt sich um. Doch die Leiche heißt Deutschland." Da war ich zwei Jahre alt.

Ich bin aufgewachsen an einem Sarg, in dem Sarg lag Deutschland.

Langsam essen ist geblieben. Menschen, die hungern müssen, essen langsam, nicht gierig. Je langsamer man die Suppe löffelt, desto länger hat man von ihr. 1550 Kalorien gelten heute als lebensnotwendige Tagesration.

Erbettelte meine Mutter 800 Kalorien?

Die Reichsmark war nichts wert und so viel ich weiß, hatte meine Mutter nichts mehr zu tauschen. Ihr silbernes Kommunionskettchen trug eine Bäuerin.

Das Schafhoflager war eine Schlafbaracke. Zwanzig, dreißig wildfremde Menschen schliefen auf vierzig Quadratmetern, nur Frauen und Kinder. Sauberes Wasser war rar. Aus Regenwasser machte meine Mutter eine Regenwassersuppe. Sie schnitt die erbettelten Kartoffeln klein, zerrieb Brennesselblätter darüber und hielt die Schüssel in den Regen, danach machte sie ein Feuer. „Esst langsam, Kinder!" sagte sie. Ich esse bis heute langsam.

Das war 1945.

1948 bin ich ein fünfjähriger Junge und habe einen Vater. Plötzlich war er als Gespenst auf dem Bauernhof aufgetaucht, wo meine Mutter eine Unterkunft nach den drei Jahren im Lager gefunden hatte. Ich hatte Angst vor dem fremden Mann. Ich hielt eine Weidenrute in der Hand und schlug nach ihm. Meine Mutter stand an der Tür und ließ ein Glas fallen. Sie hat dann ihrem Mann jeden Tag mit einer Salbe die Füße eingeschmiert und gewickelt, die er sich in Russland erfroren hatte. Ich war eifersüchtig auf den dünnen, kranken Mann, weil ich nicht wusste, was ein Vater ist. Es kommt vor, dass mich mein toter Vater heute im Traum weckt. Er streckt seine Hand aus, nicht um mich zu liebkosen, es ist ein Tasten.

„Frag mich", sagt er.

Nach dem Fall der Berliner Mauer am 9. November 1989 bin ich nach Berlin gezogen, ich lebe in der Mommsenstraße, sie ist eine elegante Straße in Charlottenburg. In meiner Nachbarschaft wohnt die Familie Roth. Wenn man sich mehrere Male beim Bäcker oder am Kiosk sieht, nickt man sich zu und plötzlich sitzt man in einer Kneipe zusammen. Die Roths sind in Tel Aviv geboren. Nach zwei Flaschen Wein fragte ich sie einmal, warum sie im Land der Täter leben. Sie erzählten von ihren Großmüttern und Tanten, die Deutsch mit ihnen gesprochen haben. Es sei eine Sprache mit Gerüchen, ihre Heimatsprache, sie wollten in ihre Heimat zurück. Ich kenne Juden, die nie mehr ein Wort Deutsch sprechen.
Deutsch als Heimat?

Ein Fluss fließt durch das Dorf, in dem wir leben, die Pegnitz. Sie führt alles Mögliche mit, Zweige, Blätter, zerschossene Autoreifen, Soldatenhelme. Es ist sechs Jahrzehnte her. Ein kleiner Junge wirft Zweige in den Fluss und läuft dem Wasser voraus, um zu sehen, wer schneller ist. Ich fühlte mich wohl in dem Dorf, einmal aber war ich traurig. Die Mutter eines Spielkameraden war an der Gräte eines Karpfens erstickt. Bis heute mag ich keinen Fisch. Wir Kinder durften die Tote im offenen Sarg in der Stube sehen. Weil mein Freund weinte, weinte ich auch. Viele Jahre später erzählte mir meine Mutter, dass die Frau nicht an einer Gräte, sondern an einer Abtreibung gestorben sei. Sie war eine der unglücklichen Frauen, die während der Kriegsgefangenschaft ihrer Männer schwanger geworden waren. Es war auch ein Dorf mit seinem eigenen Schweigen.

In das Dorf kehrten die Männer zurück, einer hat nur einen Arm, einer ist blind, einer, mein Vater, hat erfrorene Füße, einer nur ein Bein. Vielleicht habe ich als Fünfjähriger gefragt, wo das andere Bein ist, und zur Antwort bekommen, dass der Mann es im Krieg verloren hat. Ich weiß nicht, was ich als Kind gefragt habe. Vielleicht habe ich gar nicht viel gefragt, weil ein Kind merkt, wenn Antworten wehtun. Manchmal saß meine Mutter nur da und guckte uns Kinder an oder sie sang uns vor. Mein Bruder sagt, dass sie uns jeden Abend in den Schlaf gesungen hat. Es muss eine Folge dieser Jahre sein, dass ich heute bei leiser Musik am besten einschlafe. Wie viel Kind steckt noch in einem? Wie viel Furcht?

1948 schnitt Stalin Westberlin vom Strom ab, er ließ Straßensperren errichten, damit keine Lebensmittel mehr in die Stadt kamen.

Ich weiß nicht, wie sich Furcht überträgt vom Erwachsenen zum Kind. Vielleicht, dass wir artig wurden, still. Kinder erwarten ja für alles eine Strafe.

Wenn ich heute, zwei Autobahnabfahrten vor Nürnberg, dieses Dorf besuche, bin ich gerührt, obwohl es etwas anders aussieht mit seiner Tankstelle und der Disco. Es ist nach wie vor ein stilles Dorf, kaum Verkehr. Den träge dahinfließenden Fluss, wenn auch viel kleiner, gibt es noch. Die Landschaft mit seinen fränkischen Waldbergen ist wie aus dem Märchen. Es ist ein Dorf für Kinder mit Hühnern, Gänsen, Kühen; an jedem Baum hängt meine Kinderseele.

Wohnt Deutschland in einem Dorf?

Etwa 400 Kilometer ist das Dorf von Berlin entfernt. Über einen staubfarbenen Feldweg gingen wir zur kleinen Kirche hoch und beteten, dass der Russe nicht kommt. Beten bedeutet, dass man um Hilfe bittet. Das wusste ein Fünfjähriger damals. Alle im Dorf beteten, dass der Russe nicht kommt.

Die westlichen Alliierten versorgten Westberlin aus der Luft. Sie flogen pro Tag 3500 Tonnen Kohle, Holz, Milch, Mehl, Fleisch in die Stadt. Sechzig britische und amerikanische Piloten sind während der „Berliner Luftbrücke" ums Leben gekommen. Wir besaßen kein

Radio, kein Telefon, Zeitungen gab es nicht. Angst breitet sich aus wie Grippe.

Am schwersten können Kinder mit dem Ungewissen leben. Wenn Kinder weinen, erzählt man ihnen von morgen, so lenkt man sie vom Weinen ab. Was morgen sein würde, wussten die Erwachsenen nicht. Das spürt ein Kind und es kriegt mehr Angst. In den ersten Tagen auf der Flucht hielt die Mutter uns Kindern nachts den Mund zu, wenn sie Schritte hörte. Flüchtlingsfrauen hatten ihr erzählt, dass russische Vortrupps Frauen suchen, es seien Mongolen.

Die Angst vor den Russen war eine kollektive Angst, plündernd und vergewaltigend würden sie über die Deutschen herfallen und sie unterjochen.

Mitte der achtziger Jahre war ich in Moskau, um über Gorbatschows Glasnost (Transparenz) und Perestroika (Umgestaltung) zu berichten. Mit einem Dolmetscher von der Nachrichtenagentur Nowosti besuchte ich unweit von Moskau eines dieser schönen Dörfer aus Holz. Es war Frühling, die Sonne schien durch die Birken, aber es lag noch Schnee. Dick eingemummt saßen ältere Frauen auf einer Bank und hielten ihre Gesichter in die Sonne. „Dies ist ein Deutscher", sagte der Dolmetscher zu den Frauen, „ich möchte ihm euer Dorf zeigen." Schreiend liefen die Frauen davon.

„Was schreien sie", fragte ich. „Sie schreien", übersetzte der Dolmetscher, „der Teufel ist da". Zwanzig Millionen Russen sind im Krieg ums Leben gekommen, deutsche Panzer standen vor Moskau. Ich glaube, dass ich in dem Dorf aus Holz zum ersten Mal die Furcht meiner Eltern begriffen habe. Die Vergangenheit ist nicht überstanden. Sie lebt.

Ich sitze in der kleinen Kirche, 2009 Jahre nach Christus, 70 Jahre nach Kriegsbeginn, 64 Jahre nach unserer Flucht. Jesus war arm, seine Eltern waren Flüchtlinge. Hinter dem Altar sind sie abgebildet, Vater, Mutter, Kind; in einer Scheune wurde Jesus geboren, sie hatten nichts. Sie hatten Angst vor Herodes. Wie gut mein Gedächtnis in dieser Kirche funktioniert, wie genau ich mich an mich erinnere, an den kleinen Jungen, der zu dem Jesulein betet, da vorne in den ersten Bänken. Ich bin untrennbar mit dem Jungen verbunden. Es ist merkwürdig an einem Ort zu sein, an dem man schon einmal war. Ich möchte den Jungen umarmen und ihm sagen, dass alles gut wird. Aber wer konnte damals in die Zukunft sehen?

Heute kann ich in die Zukunft des kleinen Jungen sehen. Ich habe in seiner Zukunft gelebt. Ich weiß, welche Noten er in der fünften, sechsten Klasse bekommen wird und dass sein erster Bundeskanzler Konrad Adenauer heißen wird. Ich weiß, dass der Russe nicht ins Dorf kommt. Ich weiß vor dem Jungen, dass das Fußballspiel 1954 in Bern 3:2 für Deutschland ausgeht. Ich weiß, dass am 13. August 1961 eine 155 Kilometer lange Mauer durch Berlin gebaut wird und 136 Menschen sterben werden, die man Maueropfer nennt.

Wenn man sich erinnert, betritt man die Landschaft der gelebten Zukunft. Es ist wie das Betreten eines Wahrsage-Planeten. Der Junge weiß nichts, aber ich weiß es.

Es herrschte nach dem Krieg ein starker Glaube an das Leben, eine Art Ameisen-Hysterie. Die in Nürnberg angeklagten Hauptkriegsverbrecher waren in der Hölle, die Erde von ihnen befreit. Alles war wieder gut.

„Als alles vorbei war, ging alles weiter", schrieb sarkastisch mein Freund Jörg Fauser.

Es muss wie auf einem Friedhof gewesen sein. Sobald der Sarg in der Erde ist, kriegen die Trauernden etwas Wuseliges, Eiliges. Nur weg. Ich stelle mir vor, ich wäre damals Kolumnist einer Zeitung wie Bild gewesen.

„Lieber Dr. Adenauer", hätte ich hoffentlich geschrieben, „wir sind mit blutigen Knien aus den Trümmern gekrochen. Auf den Trümmern sind nun Eisdielen. Wir haben sechs Millionen

Juden umgebracht. In ihrem Kabinett sitzt der Nazi Globke. Er hat die Rassengesetze der Nazis kommentiert. Ich will nicht in Eisdielen mit einem Nazi sitzen. Nach Leichenbergen Schlagsahne. Die Öfen in Auschwitz sind noch nicht kalt und wir hören ‚Capri-Fischer'. Herzlichst, Ihr ..."

Ich gehe den Kirchweg hinunter zum Dorf, wo mein Auto steht. Dieses fränkische Dorf war wie ein Versteck. Selten fuhren amerikanische Panzer durch, und wenn, liefen wir Kinder hinterher und riefen: „Hey Paperima, die Amis sind prima. Die Neger sind besser, die machen's mit dem Messer." So was bleibt einem im Kopf. Ich fasse es nicht. Im „Gasthof zur Linde" bestelle ich ein Bier. In diesem Dorf sammelte ich Zigarettenkippen und tauschte sie gegen Bonbons.

Man soll die Augen schließen, wenn man sich erinnern will. Was will ich mit meinen geschlossenen Augen sehen? Nicht das Wirtschaftswunder, nicht die Zigarrenspitze Ludwig Erhards, nicht den Stapellauf des millionsten VWs oder der millionsten Miele-Waschmaschine. Ich will diese Drehtür sehen, aus der wir Nachkriegsdeutschen wie unschuldig herauskamen. 132 Fragen musste man beantworten, dann war man entnazifiziert und aus der Drehtür.

Ich kann bis heute nicht unbefangen mit Juden reden, denn ich habe die Nazikrankheit und sie wird schlimmer, je älter ich werde. Sie ist wie Neurodermitis. Zyniker wie die populären Publizisten Henryk M. Broder oder Maxim Biller machen sich lustig über diesen genetischen Juckreiz. Sie dürfen es. Sie sind die Kinder aus den Konzentrationslagern. Broders Mutter überlebte Auschwitz, beim anschließenden Todesmarsch gelang ihr die Flucht. Broder nennt den Zentralrat der Juden in Deutschland eine „Reue-Entgegennahme-Instanz". Er wollte sich als Zentralratspräsident bewerben und sah es als seine erste Aufgabe an, für die „Aufhebung der Holocaustleugnung als Straftatbestand" zu werben. Broder ist ein jüdischer Poltergeist. Er hat wahrscheinlich die Nase voll von Reue. Aber wie kann man als Deutscher ohne Reue leben? Kann mir das jemand sagen? Welcher Edeldeutsche wie Siegfried der Drachentöter, Hermann der Cherusker, Karl der Große, Heinrich Heine, Goethe, Schiller tröstet in den Schlaf?

Keiner.

Goethe schrieb über den Vorgang des Erinnerns (oder Vergessens): „Ihr naht euch wieder, schwankende Gestalten ..." Das Problem dabei ist, dass sich die Gestalten gleich wieder entfernen. Es ist unmöglich, fachmännische Auskunft von ihnen zu erhalten. „Hört mal, Ihr Gestalten, die dreißig, vierzig Angeklagten von Nürnberg können doch nicht allein die Millionen Juden umgebracht haben. Sie haben sie auch nicht auf dem Mond oder in der gottverlassenen Antarktis umgebracht. Sie haben sie im dicht besiedelten Europa umgebracht."

Auf dem Bürgersteig vor meiner Berliner Wohnung gibt es zwei dieser Stolpersteine, die daran erinnern, dass hier zwei jüdische Familien lebten, die ermordet wurden. Viele Augen müssen es hinter den Fenstern gesehen haben, wie sie von der Gestapo abgeholt wurden. „Wie kann man etwas sehen und wegsehen, Ihr Gestalten?" Aber die schwankenden Gestalten sind schon woanders.

1973 schickte mich meine Zeitung nach Israel, um über den Jom-Kippur-Krieg zu berichten, irgendwann fand ich Zeit das Yad-Vashem-Museum zu besuchen. Es steht auf einem Berg über Jerusalem. Der Fotoreporter Sven Simon, Sohn des Verlegers Axel Springer, war dabei. Pförtner reichen schwarze Käppchen, bevor man in die mit schwarzem Samt ausgelegte, in den Fels gehauene Museumshalle hinuntersteigt. Aus dem Halbdunkel leuchten Dokumentarfotos. Fotos von Kindern, die in Gewehrmündungen schauen. Mütter, die mit ihren Hungerkörpern, ihre Kinder an sich gepresst, am Eingang zur

Gaskammer Schlange stehen. Hinter dem Museum ist ein Johannisbrotwäldchen, die Allee der Gerechten. Jeder Baum wurde zur Ehre eines Nichtjuden gepflanzt, der sich nicht fürchtete, Juden zu retten. Wir zählten damals 500 Bäumchen.

„Scheiße", sagte Sven. „So wenig Bäumchen."

Wir Flüchtlinge lebten uns ein nach dem Krieg, ein bisschen so wie die Bettler in der U-Bahn-Station. Wenn ich nachts durch Berlin fahre und die Obdachlosen sehe, wie sie es sich wohnlich machen mit ihren Kartons, Decken und Tüten, erkenne ich dasselbe Überlebensprinzip. Das Wichtigste ist ein wind- und regengeschützter Platz in einer Ecke. Aber ich denke, wir hatten es besser als die Bettler heute. Es muss furchtbar sein in einem Land zu betteln, wo es alles gibt, Sushi, argentinische Steaks, per Hand massierte Filets von japanischen Rindern, und wo nachtstreunende Ratten noch nicht mal Pizzareste und Hühnerknochen fressen. Meine Mutter hätte Gott gedankt für Hühnerknochen. Der Unterschied ist, dass die heutigen Bettler von den Reichen betteln müssen. Wir bettelten von den Armen, und es ist nicht nur eine Redensart, dass am freigebigsten die Armen sind. Sie schenkten uns Matratzen, einen Tisch, Stühle, Messer und Gabeln. Hoffentlich gibt es heute genügend Arme für Bettler.

Es gab Integrationsprobleme für uns Flüchtlingskinder, weil wir deutsch mit einer anderen Betonung sprachen, zu Tomaten Paradeiser sagten und Jänner statt Januar. Für die einheimischen Dorfkinder waren mein Bruder und ich „Polacken", und sie wechselten in ein verstümmeltes Ausländerdeutsch, wenn sie mit uns redeten. Es ging uns wie den Gastarbeitern in den sechziger Jahren, die wegen ihres gebrochenen Deutsch ausgegrenzt wurden.

„Mama, was ist ein Polacke?"

Keine Ahnung, welche Antwort meine Mutter gab. So wie ich sie kenne, eine zum Lachen. Meiner Mutter war es wichtig, dass wir zu essen hatten und auf die Toilette gingen. Sie behauptete auch immer, dass ihr nichts fehle, auch wenn sie krank war. Sie machte den Kanonenofen an, war als erste auf.

In meinem Kindheitsgedächtnis gibt es keine Reihenfolge von Begebenheiten, die Erinnerungen liegen verstreut da wie Steine. Fremdsein ist so ein Stein. Um nicht fremd zu sein, muss man in dem Dorf oder Nachbardorf geboren sein. Man muss die Toten auf dem

Friedhof kennen, jeden einzelnen mit Namen. Jedes Haus hat seine Erinnerung. Jedes lebende Gesicht erinnert an einen Vorfahren, an den Urgroßvater, Großvater. In einem Dorf leben die Lebenden mit den Toten. Unsere Toten hatten wir zurücklassen müssen, meine kleine Schwester Roswitha, mit drei Jahren an Leukämie gestorben, unbesucht ihr Grab, blumenlos, mit Unkraut bewachsen, ihr Name nicht mehr lesbar.

Mein Vater ist eine Lücke in meinem Leben. Mir fehlen die Jahre, die er im Krieg und in Kriegsgefangenschaft war. Wenn die Theorie stimmt, dass die Informationen, die ein Baby von seinem Vater bekommt, genauso wichtig sind wie die der Mutter, dann fehlen mir gewisse Informationen. Die Information der Sicherheit, die Information der tiefen Stimme, die Information der Gottvaterheit. Möglich, dass ich heute ein gehorsamer Mensch wäre, wenn ich als Kind einen Vater gehabt hätte. Vielleicht wäre aus mir ein Zahnarzt geworden. Ich weiß es nicht. Ich bin nicht Doktor Freud.

Als mein kriegsheimkehrender Vater in mein Leben trat, war ich fünf. Die kleine Kammer, in der mein Bruder und ich schliefen, grenzte an das Zimmer unserer Eltern. Oft hörte ich durch die Wand, wie meine Mutter auf meinen Vater einredete. Auch wenn ich ihre Worte nicht verstand (und sie heute nicht wiedergeben kann), hörte ich ihr Unglücklichsein. Einige Male, glaube ich, meinen Vater weinen gehört zu haben. Sie hatten ihn vom Wetterdienst nach Russland an die Front abkommandiert, in einer gefrorenen Pferdedecke mit lumpenumhüllten Füßen hat er überlebt. Sein Leben war ihm beinahe genommen worden. Er hat gesehen, wie das Leben genommen wird, er wird selbst Leben genommen haben. Ich hab ihn nie gefragt, wie es war, als er sein Gewehr abfeuerte und das feurige Weiß sah, den Blitz seines Schusses.

Von Eltern und Ehefrauen der Bundeswehrsoldaten, die nach ihrem Afghanistan-Einsatz nach Hause kommen, wissen wir von der Traumatisierung ihrer Söhne und Männer. Austrainierte Zwanzigjährige klagen über Schwächezustände ihrer Muskulatur, sie können nicht mehr aufstehen. Manche haben Zahnweh, obwohl Röntgenaufnahmen ihnen ein gesundes Gebiss bescheinigen. Manche geraten in Panik, wenn ihnen eine Mutter mit einem Kinderwagen entgegenkommt. Manche schlafen mit geballten Fäusten, manche können nur bei geöffneten Fenstern schlafen, weil bei einem Granatenangriff als erstes die Fenster platzen. Manche rennen hinaus in die Nacht, um im Garten Bunker zu sprengen und Höhlen anzugreifen. Heute haben wir Psychologen, Trauma-Therapeuten, Spezialisten für Kriegskranke. Damals hatte mein Vater nur meine Mutter.

Wir Kinder zogen uns die Bettdecke über den Kopf und redeten morgens nicht über das, was wir nachts gehört hatten. Wenn ein Kind in Bewegung ist, einem Ball nachjagt, dann ist es schon glücklich. Wir waren glücklicher als unsere Eltern. Während sie an ihrer verlorenen Heimat litten, begannen wir uns wohlzufühlen, wo wir waren.

Es wird heute viel von Nation-Building geredet, dem militärischen, politischen, kulturellen Begriff für den Wiederaufbau des Iraks und Afghanistans. Nation-Building ist für Kinder, wenn Menschen und Gegenstände bleiben. Kinder sind die ordnungsbewusstesten Menschen. Sie wollen, dass alles an seinem Platz ist. Die Schlafecke, Papa und Mama, die Freunde. Kinder wollen sich binden. Das Gefühl, dass morgen alles so sein wird wie gestern, kann man Heimat nennen.

Es war eine Heimat ohne Bundesflagge, ohne Nationalhymne. Am Abend der Wahl des ersten Bundespräsidenten Theodor Heuss 1949 sangen die Menschen auf dem Bonner Marktplatz den Choral „Großer Gott, wir loben Dich". Erst 1952 wurde beschlossen, dass die dritte Strophe des Deutschlandlieds von Heinrich Hoffmann von Fallersleben „Einigkeit und Recht und Freiheit" der bessere Text für die neuen Deutschen sei. Joseph Haydns Musik blieb die gleiche. Und wie das so ist mit Ohrwürmern. Beim WM-Sieg 1954 sangen die deutschen Schlachtenbummler im Berner Wankdorf-Stadion „Deutschland, Deutschland über alles". Der schweizerische Rundfunk schaltete daraufhin die Übertragung ab. Das alles geschah, als ich elf war.

Es gehört zu meinen Sünden, dass ich das Heimweh meiner Eltern nicht begriff, nicht als Kind, nicht als Halbstarker (wie man uns Jugendliche in den Fünfzigern nannte). Wenn ich könnte, würde ich jetzt gern das Licht in meinem Gehirn ausschalten und mich nicht weiter erinnern.

Ich schäme mich, dass ich mich für meine Eltern schämte, weil sie Flüchtlingseltern waren. Ich muss das erklären, aber es ist schwer, vielleicht kann ich es gar nicht. Ich habe bis heute mit niemandem darüber gesprochen, weil es nichts Schlimmeres gibt, als sich seiner Eltern zu schämen. So wie es nichts Schlimmeres gibt, als ein Kind zur Adoption freizugeben. Ich war ein Rabenkind.

 Ich wünschte mir Eltern erster Klasse, keine Flüchtlingseltern. Ich schämte mich, weil sie Hilfsknechte waren, im Wald arbeiteten, hinter Mähdreschern Kornähren aufsammelten, um für uns Kinder Milch von den Bauern zu bekommen. Bis heute verabscheue ich Milch. Mir wird schlecht von Milch (und von mir, während ich dies schreibe). Mein Bruder trank die Milch, deshalb hat er auch die besseren Zähne.

 Heute, wo ich Heimweh nach meinen toten Eltern habe, begreife ich Heimweh. Das Heimwehland ist nicht Oder-Neiße, es ist nicht politisch. Das Heimwehland ist, wo mein Vater meine Mutter zum ersten Mal küsste. Von allen Kontinenten kann man den Mond sehen. Mal ist er Poesie, mal nur Mond.

 Ich stelle mir ihre Jugend vor, die Zeit vor Kreditkarten, vor Geld aus dem Automaten, vor Computern, vor Fernsehen. Die Zeit, in der man Fahrradklammern an den Hosen hatte und als Kind täglich einen Teelöffel Hefe für die Langlebigkeit schlucken musste – ein Junge und ein Mädchen aus demselben Dorf in den Sudeten.

 Die Sudeten, vielleicht muss ich das erwähnen, sind kein Volk. Die Sudeten sind eine

Gebirgskette von 350 Kilometer Länge, sie sind die Wasserscheide zwischen Oder und Elbe. Unter der Herrschaft Karls des IV., Kaiser des Heiligen Römischen Reichs und König von Böhmen, wurden die Sudeten 1340 besiedelt. Das ist 670 Jahre her. Nach 670 Jahren wird der Wind dein Wind, werden die Sterne deine Sterne, der Schnee, dein Schnee. Das Ewige, das Alltägliche.

Der Junge und das Mädchen gehen Händchen haltend zum Waldesrand. Das Mädchen ist die Tochter des reichsten Bauern und zwei Jahre jünger als der Junge. Der Junge ist der Sohn des Dorfschmieds und eher arm. Ihre Eltern sehen es nicht gern, dass sich ihre Tochter mit dem Schmiedejungen abgibt. Reich soll zu Reich. Wenn mein Vater in den Semesterferien mit dem Zug aus Prag kam, stand meine Mutter am Bahnhof. „Ich hatte ihm am Bach Blumen gepflückt, er brachte mir Mode- und Filmzeitschriften aus Prag mit."

Wie gern hätte ich in meinem Leben ein Mädchen kennengelernt, das mir Blumen pflückt.

Worüber sie wohl sprachen, mein Vater und meine Mutter? Über Remarque, Fallada, Rühmann? Oder waren sie ein Paar aus einem Stummfilm? Sprachen sie nur darüber, was sie sahen? Über die Vögel, die zu Dutzenden in der Dämmerung landeten, über den Himmel, der rosarot entflammte, über den Nachtdunst, der die Kornfelder überzog?

Sprachen sie über ihre Wünsche, Kinder?

Die idiotische Debatte, ob die Präsidentin des Bundes der Vertriebenen, Erika Steinbach, einen Sitz im Beirat der Stiftung „Flucht, Vertreibung, Versöhnung" bekommt oder nicht, macht mich wütend. Es heißt, dass die Zeit die Wunden heilt. Dieser Streit kratzt sie wieder auf.

Er gibt meinen Eltern den Mond nicht wieder. Ich will vor keinem Grab verbitterter Toten stehen.

Was für eine revanchistische Politik wird mir Vertriebenen-Kind unterstellt? Ich will kein Geld, keine Entschädigung. Ich habe keine Heimat verloren, meine Eltern haben sie verloren. Meine Heimat wurde mir am Montag, dem 23. Mai 1949, mit dem Grundgesetz geschenkt.

In ihrem Brustbeutel hatte meine Mutter auf der Flucht unsere Geburtsurkunden, ihre Heiratsbescheinigung, das Abiturzeugnis meines Vaters, seinen mit tschechischen Stempeln beglaubigten Uni-Abschluss als Lehrer, ihr Abschlusszeugnis als Lehrerin in Haushaltskunde. 1950 war ich kein Bettlerssohn mehr, ich war ein Lehrersohn. Mein Vater brachte mir

Lesen und Schreiben bei. Ich wurde bei ihm eingeschult. Mein Vater war eine Respektsperson, ich war der Sohn einer Respektsperson. Niemand nannte mich mehr Polacke.

1493 schrieb Christoph Kolumbus in sein Logbuch: „Bei unserem Aufbruch aus der alten Welt leitete uns das Sonnenlicht."
Was für ein mutiger, schöner Satz. Damals sahen die Seeleute nur bis zum Horizont, aber sie wagten sich über den Horizont hinaus.

Mit vierzehn, fünfzehn dachte ich, ich sei ein Dichter. Der Trugschluss passiert mir noch heute, wenn ich Tschechow lese, Maupassant. Leider bin ich nur ein Dichter, während ich lese. Ich denke, ich kann es auch. Wäre Leser ein Beruf, wäre ich der glücklichste Mensch. Nur ein kleines Beispiel aus „Deutschland, ein Wintermärchen". Heinrich Heine dichtet: „Ja, Zuckererbsen für jedermann / Sobald die Schoten platzen / Den Himmel überlassen wir den Engeln und den Spatzen". Will man da nicht automatisch weiterdichten, im Moment des Lesens? Die Lilien auf dem Feld fallen einem ein und dass man sich nicht sorgen soll, sondern leben wie die Spatzen. Adieu, Dichter Wagner. Heine sagt es so: „Und wachsen uns Flügel nach dem Tod / so wollen wir euch besuchen / dort oben, und wir, wir essen mit euch / Die seligsten Torten und Kuchen."

Keine Ahnung, warum ich vom Schreiben leben kann, das nur nebenbei.

Die Kolumne, die ich heute schrieb, war nicht schwer. Oskar Lafontaines Rückzug aus der Bundespolitik „aus gesundheitlichen Gründen". Ich stellte sein Gestern seinem Morgen gegenüber. „Statt Macht", schrieb ich, „die Ohnmacht des Patienten. Statt Parteitagsreden Gespräche mit Urologen. Statt Umfragewerte Blutwerte ..."

Ich hasse mich für meine Routine.

Die größte Angst der Männer, die ihre von Krebs befallene Prostata entfernen lassen, ist inkontinent zu werden. Sie ist größer als die Angst vor dem Verlust der Potenz. Ein Parteivorsitzender, der seinen Harnfluss nicht unter Kontrolle halten kann, ist ein Kleinkind. Ich bin unglücklich über meine Kolumne, ich habe das Drama Lafontaine als Mann nicht beschrieben. Was kann ich überhaupt?

Es ist die Frage meines Lebens.

Am Anfang des Lebens ist man von Riesen umgeben. Alle sind größer, Vater, Mutter, Herkules, Siegfried, Achill. Und am Ende ist man wieder klein und muss eine Windel tragen. Das hätte ich schreiben sollen.

Es ist Montag, der 25. Januar 2010. Draußen minus 12 Grad. Kein Mensch, kein Hund auf der Straße. Es ist 2 Uhr 50 morgens. Soll ich weitererzählen, ist noch wer wach?

Einen Jugendlichen erinnerbar zu machen, ist schwerer, als ein Kind erinnerbar zu machen. Ein Kind lebt ohne eigene Zeit, es bekommt die Zeit von seinen Eltern erzählt. Ab jetzt muss ich erzählen als jemand, der Ich ist. Als ein Junge mit kurzen Hosen, der Strumpfhalter trägt wie ein Mädchen, später Hosen mit Aufschlag, ohne Aufschlag, kurze Haare, lange Haare, Cowboy-Stiefel, enge Jeans, Zigarette im Mund, Türen schlagend, unzugänglich, maulfaul, überhaupt faul, Schulschwänzer, Schulabbrecher, Ausreißer, Hermann Hesse im Rucksack, Siddhartha, Steppenwolf, Elvis-Frisur, mit sechzehn noch keinem Mädchen an die Brust gefasst, noch nicht einmal in die Nähe einer Bluse gekommen, geschweige denn an den Steg eines Büstenhalters.

Wie war Westdeutschland in den Fünfzigern? Als ich einmal Farbfotos aus den Fünfzigern sah, dachte ich: Was, die Sonne hat geschienen? Wir gingen ja baden! Ich hatte total vergessen, dass wir auch fröhlich in den Fünfzigern waren und meine Mutter in der Küche

„Bella Marie" summte. Merkwürdig, dass Fröhlichkeit in meiner Erinnerung nicht vorkommt, sondern Langeweile, Stillstand, Muff. Ist mein Gedächtnis brainwashed von Historikern und Soziologen? Wieso hab ich die Freude meiner Mutter vergessen, die sie mit ihrem Kofferradio hatte, als sie Musik ins Grüne mitnehmen konnte? Warum ist diese Zeit schwarz wie Adenauers Zylinder? Weil die Pubertät schwarz ist? Weil diese Zeit politisch korrekt schwarz zu sein hat? Weil ich mir bis heute nicht vorstellen kann, dass nach dem größten Verbrechen des Jahrhunderts, nur zehn Jahre danach, auf Nummer 1 der Wunschliste bei Jungs das Moped stand, bei Mädchen der Plattenspieler? Schwarz sind die Fünfziger, weil mir niemand von Hans und Sophie Scholl erzählte und von Anne Frank. Hätte ich von ihnen gewusst, hätte ich mich in Sophie Scholl verliebt und nicht in Marilyn Monroe, Brigitte Bardot, in meine Bluejeans. Vielleicht wären wir andere Deutsche geworden, niemand wird es wissen.

Im Prinzip verlas ich die Fünfziger wie ein Igel den Winter verschläft. Alle Karl Mays gelesen (Weihnachtsgeschenke 51, 52). Zwischen 1951 und 1952 erstes eigenes schriftstellerisches Werk. Das Herausreißen der Seiten, auf denen Winnetous Schwester Nscho-tschi (Schöner Tag) stirbt. Die Seiten neu geschrieben und sie mit Mehlpappe in den Band geklebt. In meiner Version überlebt Schöner Tag und heiratet Old Shatterhand.

Danach die Nibelungen gelesen (Weihnachtsgeschenk 53). „Hagen ist Hitler" mit meiner Kinderschrift unter den Titel geschrieben. Mark Twains „Huckleberry Finn" gelesen, mit dem Finger im Schulatlas auf dem Mississippi gefahren. Dann Charles Dickens und sein „Oliver Twist", der als Londoner Waisenkind das Handwerk der Taschendiebe erlernt.

Lesen kann schädlich werden, man sitzt da in der Falle Nirwana, man ist auf gefährliche Art allein. Lesen ist wie Arbeiten ohne aus dem Bett zu müssen. Du bist überall, in Amerika, Russland, im Orient - nur nicht bei Mathe, Physik, Griechisch, Latein.

Meine Eltern hatten es inzwischen zu einem Reihenhaus gebracht und ich zu schlechten Noten. Sie waren vom Land in die Stadt gezogen. Oberlehrer war mein Vater geworden. Wie gut er in die fleißige Zeit passte. Sechs-Tage-Woche, Wochenarbeitszeit: fünfzig Stunden. Kirchenchorleiter nebenbei, Organist, Nachhilfelehrer, Klavierlehrer, Violinlehrer. Bald würde er Rektor werden.

Ein Reihenhaus ist eine Hausgruppe mit identischen Vor- und Hintergärten, wo der Rasensprenger zur gleichen Zeit anspringt. „Schrei nicht so", sagte meine Mutter zu meinem Vater. Mein Vater schrie: „Du bist der faulste Junge überhaupt!" Er meinte mich, den Schulversager. Gerade war ich aus dem Gymnasium der Regensburger Domspatzen geflogen. „Scheißabitur", schrie ich. Meine Mutter lachte. Sie lachte wegen der Nachbarn. Alles halb so schlimm. Bei uns ist alles in Ordnung. In unserem Reihenhaus herrschte Unwetter, immer nur meinetwegen. Heute verstehe ich meinen Vater. Er wollte mich retten, er wollte, dass ich kein Dummkopf werde. Wie oft sagte er, das Einzige, was sie dir nicht nehmen können, ist dein Gehirn. Manchmal schlug er vor Verzweiflung seinen Kopf gegen die Wohnzimmerwand. Mein armer Lehrervater.

Ich sehe ihn vor mir in seiner grauen Strickjacke, von meiner Mutter gestrickt. Bleistifte in der Hemdtasche, schief sitzender Schlips, das Haar gescheitelt. Sein kummervolles Gesicht ist ein Brandeisen in meinem Herzen, weil ich sein Alptraum war.

„Solange ich lebe", sagte er, „werde ich dich ernähren. Aber was dann?"

Meine Mutter lachte doppelt laut für die Nachbarn. Es gab keine Lärm schluckenden Fenster. Der Nachbar rechts war ein Vertreter, der den ersten Mercedes in der Straße fuhr. Vor den Hintersitzen seines Mercedes waren Stangen, an denen die Anzüge hingen, die er in den Dörfern verkaufte. Als nächstes brauchen wir Jalousien, sagte meine Mutter. Mein Schulversagen war ein Desaster für meine Eltern, weil sie als Flüchtlinge perfekt sein wollten, perfekter Garten, perfekte Kinder.

Ich hatte mit siebzehn keine andere Wahl als abzuhauen, sieht man mal von Selbstmord ab. Vier Jahre war ich weg. Die ersten Wochen hielt ich mich im Wald auf. Bis heute fühle ich mich sicherer in einem Wald als in einer Großstadt. Im Wald geschieht einem nichts, man muss nur den Waldarbeitern, Förstern, Pilzsuchern ausweichen. Vielleicht hätte das Fach „Waldgang" meinen Notendurchschnitt verbessert. Im Wald verdurstet man nicht, man leckt den Tau von den Blättern ab und isst nichts, wovon einem schlecht wird. Was ich meinen Eltern antat, kann ich mir nicht verzeihen. Sie ließen mich polizeilich suchen. Viele Wochen schliefen sie nicht, bis ich sie anrief: Bin in Genf, lerne Französisch, macht euch keine Sorgen.

Ich hasse den Jungen, diesen Rotzlümmel, wie er aus verletzter Eitelkeit davonläuft –

und ich liebe ihn. Was hatte der Junge auf seiner Flucht dabei? Einen Schlafsack, feste Schuhe, Hermann Hesse und Hemingway. Hemingway all the way. Reporter, Großwildjäger, Schriftsteller. Von so was träumt man, wenn man zu viel liest. Die ersten, die wirklich hörten, was ich werden wollte, waren Bäume: Reporter der Entrechteten.

In einen Brief an Deutschland gehört, unabhängig meiner kleinen Waldepisode, die mystische Beziehung der Deutschen zu ihrem Wald („das Unheimliche und Heimliche", Ernst Jünger).

Hermann der Cherusker hätte auf offenem Feld die Römer nie schlagen können. Der Germanenfürst besiegte sie im Teutoburger Wald mit Hilfe der Bäume. Die Legionen des Varus verfingen sich im undurchdringlichen Urwald. Bis zur Christianisierung der Germanen gab es den Baumkult, unter Eichen fanden ihre Gerichtsverhandlungen statt.

Der Schriftsteller Elias Canetti schrieb, der Wald sei ein militärisches Symbol. „So wie die Bäume nebeneinander stehen, stehen die Soldaten." Das ist schön formuliert, stimmt aber nicht. Die soldatische Ordnung der Bäume entstand erst durch die moderne Forstwirtschaft. Der Wald der Deutschen ist wild. Hexen leben darin, Ungeheuer, Hänsel und Gretel,

Rotkäppchen, das Unheimliche und das Heim(e-)liche.

Als in den Siebzigern, Achtzigern vom Waldsterben die Rede war, wählte ich das erste Mal Grün. Manche Menschen haben die Wüste als Heimat, wir Deutsche den Wald, als wäre es noch nicht finster genug.

In einem Interview fragt der Journalist Roger Köppel den Historiker Alexander Demandt, warum der Wald die Deutschen so fasziniere. Der Historiker und der Journalist philosophieren über die Eiche und die Linde. Die Eiche stehe für Härte, die Linde für Verrat. Die Eiche sei das härteste Holz, die Linde rieche gut, aber habe ein weiches Holz. Ein Lindenblatt sei auf Siegfrieds Schulter gefallen und habe ihn verwundbar gemacht. Unter einer Linde sei Siegfried gestorben.

Ich hätte den beiden Theoretikern die ganze Nacht zuhören können, aber die Wahrheit ist, dass ich keinen Menschen sehen wollte, lieber wollte ich vom Blitz getroffen werden.

Besteht der Mensch nicht zu 95 Prozent aus Wasser? Es trifft einen der Blitz, man verpufft und fällt niemandem zur Last. Übrigens glaubte ich nicht älter als fünfundzwanzig zu werden. James Dean starb mit vierundzwanzig in seinem Porsche. Einstein war fünfundzwanzig, als er seine Relativitätstheorie veröffentlichte, und danach war er so gut wie tot, sieht man von seiner Zunge ab, die er der Welt herausstreckte.

Wenn ich etwas leisten wollte, dann hatte ich nicht mehr viel Zeit. An einen Gedanken im Wald erinnere ich mich. Warum ist die Menschheit nicht in die Wälder geflohen und hat sich unter der Erde versteckt? Oben hätten die Dämonen Stalin, Hitler gewütet, unten hätten die Guten überlebt. Wann immer mir im Leben etwas schiefgeht, kommt mir die Flucht unter die Erde wie eine Glückspille ins Gehirn. Last Exit – unterirdisch. Furchtbar.

Später Samstagabend, 13. März. Meine Tochter ruft an. Sie weiß, dass ich neben den täglichen Briefen in Bild, diesen Brief an Deutschland schreibe.

„Wie weit bist Du?"

„Ich bin siebzehn und putz mir gerade die Zähne an einem Bach, am Himmel kreisen Bussarde und in der Ferne höre ich einen Zug."

Längere Pause. „Wann musst Du abliefern?"

„Juli, Ende Juli".

„Oh Gott", sagt sie. „In drei Monaten".

Ich muss schneller schreiben, Jahre überspringen. Ist der magere, schlecht gekleidete Junge 1960 in Genf wichtig? Oder soll ich gleich hinein in das Vietnam-Unheil und wie es Deutschland veränderte und am Ende Lehrer mit Pferdeschwanz unterrichteten?

Der magere, schlecht gekleidete Junge, der in einer Jugendherberge schläft und von Schaufenster zu Schaufenster strolcht, ist vielleicht wichtig, weil er zum ersten Mal einen Montblanc-Füller aus Gold sieht, Armbanduhren für 10.000 Franken und Häuser wie Schlösser, vor denen Männer in Uniform stehen, die den ganzen Tag nichts anderes tun als die Türen von Limousinen aufzureißen. Die Schlösser heißen heute noch Hotel D'Angleterre, Le Richemont, Beau Rivage.

Bisher war ich mir ziemlich sicher gewesen, mit was für Menschen man es im Leben zu tun hat. Man musste nur hören, was sie sagten, „Futter fassen" statt „essen", „Pritsche" statt „Bett". Man musste nur morgens im Vorstadtzug fahren und in die Gesichter der ausgelaugten, verängstigten Menschen sehen, die sich an ihre Arbeit klammerten wie an die Haltegriffe. Aber sie waren auch eine Solidargemeinschaft. Ich bekam Heimweh nach meinen Menschen.

Die Menschen in Genf schienen höher stehende Menschen. Sie saßen in Restaurants und aßen mehrere Stunden. Sie ließen Geldmünzen auf den Tischen liegen, auch in den Straßencafés. Einmal lief der Junge einer Frau nach und gab ihr das Geld, das sie vergessen hatte. Sie sagte, dass er ein Idiot sei. So erfuhr er, was Trinkgeld ist.

Ein Mann trat aus einem Restaurant, der einen Mantel trug, dessen Farbe dem Jungen unbekannt war.

„Quelle couleur?", fragte er einen Taxifahrer und deutete auf den Mantel-Mann.

„C'est un manteau de chameau", sagte er. Ein Kamelmantel, verstand der Junge mit seinen zwei Jahren Nebenfach-Französisch.

Ein dunkelgrünes MG-Cabrio sah er, in das eine junge Frau stieg, deren Kleid bis zu den Oberschenkeln hochrutschte. Sie setzte sich wie die Jagdflieger aus dem Ersten Weltkrieg eine Lederkappe auf und brauste über die Pont du Mont-Blanc davon. Unter den vielen Autos, die er später fahren sollte, befand sich als sein drittes ein dunkelgrünes MG-Cabrio. Sein erstes Jackett, das er sich kaufte, war kamelhaarfarben.

Wenn ich gefragt wurde, ob ich Deutscher sei, sagte ich: Ich bin Holländer. Als Holländer bezog ich Quartier bei einer Genfer Familie, ich bekam Frühstück ans Bett, die Frau bemutterte mich, sie hatte keine Kinder. Als sie erfuhr, dass ich Deutscher bin, schmiss sie mich raus. Warum verheimlichte ich ihr, dass ich Deutscher war? Was wollte ich verbergen mit meinen siebzehn Jahren? Bewegt man als Holländer Arme, Schultern und den Kopf anders als ein Deutscher? Hat man andere Augen? Damals ja. Heute kann man es sich nicht vorstellen, dass Deutscher zu sein nichts Gutes bedeutete. Irgendwo in sich selbst war es auch nichts Gutes. Bob-Dylan-Songs konnte ich in den Sechzigern auswendig, die deutsche Nationalhymne nicht. Nie war sie in der Schule gesungen worden, nie hatte ich das Bedürfnis, ihre Strophen zu lesen.

Genf, 1959/60. Im Supermarkt Migros hatte ich Arbeit gefunden, ich nahm leere Flaschen entgegen und gab das Flaschenpfand zurück. Ich trug einen grünen Arbeitskittel, die Chefs weiße. Einmal herrschte große Aufregung. Kollegen waren bestohlen worden, Polizei hatte Farbmarker in die Spinds gesprüht, alle Angestellten mussten ihre Hände in das Erkennungsgerät der Polizei stecken. Ich wartete in der Schlange. Zwei Verkäuferinnen aus der Fleisch-Wurst-Abteilung, die es gut mit mir meinten, wollten mir helfen.

„François Joseph, alle verdächtigen dich, gib freiwillig zu, dass du es warst, dann wird es nicht so schlimm."

Es war ein Schock, dass man mich verdächtigte. Als ich meine sauberen Hände aus dem Gerät zog, schienen alle, bis auf die beiden Verkäuferinnen, enttäuscht, dass ich es nicht war.

Der Zwischenfall bei Migros hat mit „deutsch" nichts zu tun, aber ich war sehr nahe am Weinen, weil es ein merkwürdiges Gefühl ist, wenn sich alle von einem abwenden. Warum sind mir die Sekunden noch heute vor Augen, als ich meine Hände in das Gerät steckte und hoffte, dass die Sekunden schneller vergehen würden – oder langsamer? Jeden Augenblick in jedem Land geschieht das Außenseitern. Zuerst werden die Fremden verdächtigt. Mir geschah es in Genf 1959/60, als weißem Fremden. Danach kündigte ich.

Manpower, die Jobagentur, vermittelte mich zur Swissair, wo ich den Müll der Passagiere entsorgte. Die Putzarbeit war nicht schlimm, wenn die Passagiere und die Crew aus der Maschine waren. Ein bisschen schämte ich mich, wenn säumige Passagiere noch an Bord waren und ich neben ihren eleganten Beinen umherkroch. Ich konnte den Beinen ja schlecht erklären, dass ich in Wirklichkeit ein angehender Hemingway war und demnächst das Buch „Unter der Erde" verfasse würde.

Abends setzte ich mich in einen der Parks und sah die schönen Häuser an. Der Rasen roch wie nach einem Regenguss, die Häuser hatten Terrassen, Vermont hieß die Gegend. Menschen bewegten sich hinter den Fenstern, der Mond stieg auf, die Lichter erloschen, die Reichen gingen schlafen.

Hab ich erzählt, dass ich rauchte? In Genf begann ich zu rauchen, Gitanes, der Name gefiel mir und die tiefblaue Verpackung, eine Tänzerin, in Rauchwolken gehüllt, fliegt hoch zum Himmel.

Es war schön, einfach stillzusitzen, zu rauchen und die nächtliche Stadt, auf die nie Bomben gefallen sind, zu betrachten. Ich guckte die Stadt nicht mit Marx-Engels-Augen an. Und auch nicht wie die diebische Elster oder der Anarchist. Genf war wie eine Geburtstagstorte mit Kerzen.

Was für Herzen Reiche wohl hatten?

Ich könnte dem Jungen vorschwindeln, dass Geld für das Glück keine Rolle spielt und ihm Beispiele nennen. Einmal sagte mir ein Erbe einen trostlosen Satz. Sein Vater war ein Selfmade-Tycoon, der Deutschland mit aufgebaut, und ihm, dem Sohn, den Namen und eine halbe Milliarde hinterlassen hatte. Der trostlose Satz lautete: „Das Schlimmste ist, wenn der Montag ein Sonntag ist." Er klagte über die Langeweile seines Lebens. Mit seiner halben Milliarde hatte er das eine und das andere angestellt. In eine Fluglinie investiert, Rechte an einem TV-Sender erworben, ein Revue-Theater in Berlin finanziert, bis seine Finanzberater ihm nahelegten, am besten nichts mehr zu tun, wenn er seine restlichen fünfzig Millionen behalten wolle.

Den trostlosen Satz sagte er mir in einer illustren Nacht in Baden-Baden. Der russische Präsident Jelzin war gerade zum Medienmann des Jahres ausgerufen worden. Kohl, die Minister Rühe, Blüm waren da, die Vertreter der Wirtschaft, alle wichtigen Medienleute sowie Kulturschaffende. Wir standen an der Bar und sahen hinüber zum gesetzten Tisch von Kohl & Co., an dem er keinen Platz gefunden hatte. Er war verzweifelt, weil sein Name und sein Geld keine Rolle spielten. Er war innerhalb einer Stunde schwer betrunken, sein Fahrer schleppte ihn zu seinem 500er Mercedes. In seiner 52-Meter-Jacht dümpelt er heute gicht- und herzkrank durchs Mittelmeer. Ich sage seinen Namen nicht, weil er ein armer Kerl ist.

Ein ganz anderer Reicher, ihn nenne ich mit Freuden beim Namen, ist Gunter Sachs. Er ist der besorgteste und unbesorgteste Reiche, den ich kenne. Einmal hatte ich Zahnweh. Gunter Sachs, ich war Chefredakteur von Bunte, rief an, wahrscheinlich um sich über einen Artikel zu beschweren. Als höflicher Mensch fragte er, wie es mir gehe. Ich sagte ihm, dass ich Zahnweh habe. Am nächsten Tag ein Fax. „Kommen Sie nach Palm Springs. Der beste Zahnarzt der Welt wartet auf Sie. Man hat als moderner Mensch kein Zahnweh."

Am nächsten Tag ein weiteres Fax. „Dr. X bittet um Röntgenaufnahmen, um sich ein Bild von Ihren Zähnen zu machen." Gunter Sachs hat keine Vorstellung von mir Sterblichem. Wer fliegt wegen drei-vier, Unterkiefer links über den Atlantik? Wie lasterhaft, auch wenn man Zeit und Wohnen frei hätte.

Schwer zu ertragen sind Reiche, die bescheiden tun. Heini Thyssen, der mit den Bildern, war so ein Typ, wenn er von seinem einfachen Leben in der Karibik erzählte. Er besaß da eine kleine Insel. Morgens, wenn er frühstückte, tupfte er sein Vier-Minuten-Ei auf die Holzveranda „und schon hatte ich das herrlichste Meersalz umsonst." Seine Freude, am Salz zu sparen, ist zynisch gaga.

Ein Reicher wie der Ex-Postchef Klaus Zumwinkel ist nur unappetitlich. Der Multimillionär, Träger des Großen Bundesverdienstkreuzes und des Verdienstordens des Landes Nordrhein-Westfalen, betrog jahrelang die

Steuer. Er wurde, seltsam milde, zu zwei Jahren Gefängnis auf Bewährung verurteilt. Doppelte Moral war schon immer schlimmer als keine Moral.

Was für Herzen Reiche haben? Ich kann es dem Jungen in Genf nicht wirklich sagen. Axel Springer junior, der nicht immer wusste, wie man herzlich schreibt – „Mit t, Franz Josef?" – besaß ein großes Herz. Axel hat mir meinen ersten Cashmere-Pullover gekauft – nicht geschenkt. Er, der Sohn des Verlegers von Bild, Welt, Hörzu, und ich bummelten nach dem Jom-Kippur-Krieg, von Tel Aviv kommend, durch die Zürcher Bahnhofstraße. Wenn man viele Wochen ein Reporterteam war, mag man sich nicht einfach schnell am Flughafen trennen. Axel wollte seine Stiefschwester oder Stiefmutter in Zürich treffen.

„Komm doch mit", sagte er.

In der Bahnhofstaße verguckte ich mich in diesen Cashmere-Pullover, aber ich hatte die 300 Franken nicht. „Wenn du deine erste Million hast, dann gibst du's mir wieder", sagte er und kaufte mit Amex-Karte meinen Pullover. Als ich ihn gleich im Laden anzog, sagte er noch mal: nicht geschenkt. Axel wollte mich mit seinem Geschenk nicht verlegen machen, deshalb sagte er zweimal „nicht geschenkt".

Leider kam es nicht zum Schuldenrückzahlen, denn er erschoss sich in einer kalten Winternacht.

An eine gemeinsame Nacht in der Wüste Sinai erinnere ich mich. Mit Sharons Panzern waren wir nahe an der Stadt Suez. Weil es nachts in der Wüste fürchterlich kalt wird, legten wir uns zu den Wärme ausstrahlenden Panzerketten. Ich konnte nicht schlafen, es gibt nichts Aufwühlenderes als die Milchstraße über der Wüste. Sie ist fast handgreiflich nah. Einer dieser milchigen Punkte ist unser Planet, mit unzähligen Sternen fliegen wir durch die Galaxis. „Axel, eigentlich fliegen wir, siehst du, wir sind da oben", wollte ich sagen. Aber ich sagte nichts, weil sich im Schlafsack neben mir nichts rührte. Ich wollte Axel sagen, wie sandkörnerklein wir Menschen sind, aber anscheinend schlief er. Wahrscheinlich schlafen Verlegersöhne schneller ein.

Ein Jahr später bereiste er als erster deutscher Fotojournalist China, daraus wurde ein Buch. Als Widmung schrieb er mir: „Über uns die Milchstraße. Leider bist du eingeschlafen, dein Axel."

Axel war ein unabhängiger Reicher. Er definierte sich nicht als Erbe. Er war ein berühmter Fotograf, seine Fotos druckten Time und Newsweek, er nannte sich Sven Simon, er verdiente sein eigenes Geld. Seine berühmtesten Fotos sind wie Uwe Seeler mit hängendem Kopf das Wembley Stadion verlässt und Ben Gurion, wie er aus der Wüste kommt. Ich weiß nicht, warum Axel sich mit achtunddreißig Jahren erschossen hat. Es gibt keinen Abschiedsbrief. Es war eine Winternacht, dritter Januar, bitterkalt, er setzte sich auf eine Parkbank. Sein Hund war bei ihm. Drei Wochen zuvor hatte Axel mich mit einer bescheuerten Idee besucht. „Wir gründen einen Postkartenverlag, du schreibst witzige Texte, ich fotografiere." Ich lachte. Er sagte: „Es ist mein Ernst". Heute denke ich, dass er mir sagen wollte, dass er die Nase voll hatte. Ich habe Axel nicht erkannt, wie damals in Sinai, wo er in seinem Schlafsack neben mir wach lag.

Glücklich der Junge in Genf, der von alldem nichts weiß. Es ist der 13. August 1961, ein Sonntag, sehr heiß. Wer ein Boot hat, segelt auf dem See, wer keins hat, liegt am Ufer. Weil ich ein eingebildeter Hanswurst bin, habe ich es weder zu einem Freund oder einer Freundin gebracht. Ich lese auf meinem Handtuch eine Geschichte von Camus, in der der Held keine Zunge hat, dabei versuche ich gleichgültig die Nacktheit der Badeanzüge zu übersehen, Bikinis gab es damals nicht. Ich vertrödele den Tag, gehe schwimmen, lese drei Seiten, abends ins Kino, zwischen zwei Filmen musste ich mich entscheiden: „Misfits" oder „Die glorreichen Sieben". Ich entschied mit für „Misfits - Nicht gesellschaftsfähig". Ich kann es erklären, warum sich so etwas Nebensächliches wie ein langweiliger Sonntag ins Gedächtnis eingräbt. Als ich am 14. August, Montag, aufwache, ist Berlin durch eine Mauer geteilt.

Ein Arbeitskollege beim Putzlumpengeschwader der Swissair sagt morgens: „Schrecklich mit Berlin!"

„Was?"

„Weiß auch nicht, müssen Radio hören."

Wir reinigen drei Flugzeuge und sitzen in der Kantine vor dem Radio.

Ich verstehe nicht alles, der französische Radiosprecher spricht zu schnell. Er schreit: „Da springt eine Frau aus dem Fenster, mon dieu."

Achtundvierzig Jahre später, am 13. August 2009 schrieb ich in meiner Kolumne „Post von Wagner":

„Lieber 13. August 1961, wer heute deiner Maueropfer, der erschossenen, ertrunkenen, von

Minen zerfetzen Menschen gedenkt, der kriegt wieder die Ahnung, dass Freiheit wichtiger ist als alles andere. Vielleicht noch wichtiger als die Liebe ..."

Die Eingemauerten versuchten, mit Heißluftballons zu flüchten, im Kofferraum von Autos, sie gruben Tunnel. Einer trainierte den Stabhochsprung und scheiterte an der 3,70 Meter hohen Mauer. Der siebzehnjährige Karl-Heinz Richter versuchte am Berliner Bahnhof Friedrichstraße, auf einen in den Westen fahrenden Zug aufzuspringen, schwer verletzt blieb er auf dem Bahnsteig liegen. Udo Düllick schwamm jeden Morgen dreißig Bahnen in einer Ostberliner Schwimmhalle. Als er sich fit glaubte, setzte er seine Badekappe auf.

Es war nachts, als er die Spree nach Westberlin durchschwimmen wollte. Ein Scheinwerfer erfasste den Schwimmer, DDR-Grenzsoldaten schossen auf ihn, er tauchte, wurde nicht getroffen, aber er ertrank vor Erschöpfung.

Italiener der Jetztzeit haben niemals auf Italiener geschossen, Engländer nicht auf Engländer, Polen nicht auf Polen. Aber wir Deutsche haben auf Deutsche geschossen.

Die Berliner Staatsanwaltschaft ermittelte, dass 270 Flüchtlinge an der innerdeutschen Grenze durch Schüsse oder Minen getötet wurden. Das ist aber nur die Untergrenze der Opferzahl, berichtet Hubertus Knabe, wissenschaftlicher Direktor der Gedenkstätte Berlin-Hohenschönhausen. Es kommen die Flüchtlinge aus der DDR hinzu, die an den Westgrenzen anderer Ostblockstaaten erschossen wurden oder beim Versuch, mit Paddelbooten, auf Luftmatratzen, die Küste Schwedens zu erreichen. Bis 1989 zählte die Zentrale Erfassungsstelle in Salzgitter „4.444 Fälle von versuchten oder vollendeten Tötungshandlungen an Flüchtlingen", wie es juristischdeutsch heißt.

Die größte Opferzahl aber bilden die mehr als 72.000 Ostdeutschen, deren Flucht verraten wurde oder die „auf frischer Tat" gefasst wurden. Sie verschwanden für Jahre in DDR-Gefängnissen oder Arbeitslagern. Für Hubertus Knabe sind sie „die vergessenen Opfer der Mauer".

Wie zum zweiten Mal verraten müssen sie sich fühlen, wenn Stasi-Spitzel heute hohe politische Ämter bekleiden. In Brandenburg kandidierten acht Zuträger der DDR-Staatssicherheit auf der Liste der Linken für Landtag und Bundestag. Wie furchtbar muss es sein, die Verräter in Business-Anzügen im Fernsehen zu sehen.

Die Geschichte verwischt ihre Spuren. Wer heute durch Berlin fährt, kann sich die Mauer nicht mehr vorstellen – die elegante Mitte, das Borchardt, das Quartier 206, die Berlinale, der glitzernde Potsdamer Platz, die Friedrichstraße mit Gucci, Hermès, Schuhe für 900 Euro, Damenhandtaschen ab 10.000 Euro, Dachterrassenwohnungen ab zwei Millionen. Galerien verschicken Einladungskarten, die so teuer aussehen wie zwei Löffel Kaviar. „Wir würden uns freuen, Sie am Freitag, ... bereits um 18 Uhr zur EXKLUSIVEN VORBESICHTIGUNG der Ausstellung ROBERT POLIDORI in Anwesenheit der Künstlers in der Galerie ..."

Straßennamen sind geblieben. Bernauer Straße 48. Ganz stumm ist das moderne Berlin nicht. Eine Gedenktafel erinnert an Ida Siekmann. „Dem Opfer der Schandmauer Ida Siekmann † 22.8.1961 gewidmet". Vielleicht sollte man zuerst in die Bernauer Straße fahren und dann erst ins Borchardt, um Berlin zu verstehen.

Das Mietshaus Bernauer Straße 48, in dem Ida Siekmann 1961 im dritten Stock wohnte, lag im Verwaltungsbezirk Mitte. Mitte war DDR. Der Gehsteig und die Straße vor ihrer Haustür gehörten zum Westberliner Stadtbezirk Wedding. Drei Häuser weiter, im Westen, lebte Idas Schwester. Vor dem Mauerbau besuchten sie sich täglich. Die Mauerbauer mauerten die Haustür der Bernauer Straße 48 zu. Sie vernagelten die Fenster zum Westen. Nicht einmal mehr zuwinken konnten sich die Schwestern. Am 22. August um 6 Uhr morgens, neun Tage nach dem Mauerbau, warf Ida, 58, ihre Matratze vom Balkon und sprang hinterher. Sie sprang daneben.

Ida Siekmann war die erste Mauertote.

Der letzte Mauertote ist Chris Gueffroy, 19, erschossen am 6. Februar 1989, neun Monate vor dem Mauerfall.

Chris war Kellner in Mitte, auf Fotos sieht er aus wie ein Klassenkamerad, unglaublich jung, ernste Augen. Ein Jungengesicht. Als seine Mutter Karin ihn wenige Wochen vor seinem Tod fotografierte, dachte Chris nicht ans Sterben, er dachte an ein Leben in Westberlin. Er wollte kein Gefangener sein in der eingemauerten Stadt. Mit seinem Freund Christian Gaudian beschloss er zu fliehen. Die beiden Freunde wählten die Nacht zum 6. Februar zur Flucht, weil Schwedens Ministerpräsident Ingvar Carlsson zu Besuch in Ostberlin war. Bei hochrangigen Staatsbesuchen, glaubten die Jungen, wird an der Mauer nicht geschossen.

Die beiden versteckten sich in der Kleingartenkolonie Holunderbusch. Eineinhalb Stunden warten sie, bis es Nacht wird. Dann laufen sie los.

Die Mauer ist nicht die Mauer, wie wir sie von Westberlin aus kennen, 3,70 Meter hoch mit rundem Überkletterschutz. Die Mauer hinter der Mauer ist eine Sperranlage, mit abgerichteten Wachhunden, grell strahlenden Scheinwerfern, schwer bewaffneten Grenzsoldaten, Betonblocks, die Fluchtautos abhalten sollen, dazwischen der Todesstreifen mit Minen.

Die Jungs schaffen es 100 Meter. Sie müssen nur noch den letzten Zaun überwinden. Chris macht die Räuberleiter. Sein Freund steigt auf seine Hände und dann auf seine Schultern. In diesem Moment trifft Chris ein Schuss ins Bein und dann ein Schuss ins Herz. Der Freund von Chris gibt mit erhobenen Händen auf. Die vier Todesschützen werden mit Sonderurlaub und einer Geldprämie für „vorbildlichen Einsatz" ausgezeichnet.

Die Mutter von Chris verklagte sie nach dem Fall der Mauer, die Todesschützen wurden freigesprochen. Einer erhielt zwei Jahre auf Bewährung, weil er sich despektierlich gegenüber der Leiche benommen habe. „Steh auf, du Schwein", soll er gesagt haben. „Tu ihm nicht weh", will der andere Grenzsoldat gesagt haben. „Er ist tot."

Genf, 1961. In der Woche des Mauerbaus bekam ich ein schlechtes Gewissen meinen Eltern gegenüber. Sicher sorgten sie sich wegen Berlin, aber auch meinetwegen. Ich schrieb ihnen, dass sie sich um mich keine Sorgen machen müssten. Mir gehe es gut, die Arbeit bei Swissair mache Spaß, manchmal bekämen wir Essboxen, die die Passagiere nicht aufgegessen hatten, sie schmeckten wunderbar. (Ich schrieb das für meine Mutter, weil sie umkam vor Angst, dass ich zu wenig esse.) Außerdem schrieb ich, dass ich vorhabe, den Führerschein zu machen und sehr fleißig an meinem Roman „Unter der Erde" arbeite.

Meine Eltern schrieben per Eilbrief zurück. Es ist der einzige Brief, den mir meine Eltern schrieben. Sie sind lange tot. Ich bewahre ihren Brief wie einen heiligen Schatz. Die erste Seite beschrieb meine Mutter, die zweite mein Vater.

Die erste Seite. „Mein lieber Franz Josef, mein Goldfasan. Haben heute Deinen lb. Brief erhalten. Ich denke, dass Du jetzt nicht den Führerschein machen solltest. Es ist noch viel zu früh. Stell Dir vor, Du verletzt einen Menschen, Du wirst in Deinem Leben nimmer froh. Mit dem Auto kommen die Sorgen. Warum jetzt schon? Werde ein bisschen älter, mein Goldfasan. Komm zu uns zurück."

Auf der Rückseite schreibt mein Vater in gestochener Oberlehrerschrift.

„Dein Brief hat mich nicht erfreut. Er zeigt, dass Du wieder andere Interessen hast und das Lernen der französischen Sprache in Wort und Schrift zur Seite legst. Du willst also im Auto als Hilfsarbeiter durch die Welt fahren. Du glaubst, dass es genügt ein paar Mark zu verdienen, um Deinen Lebensunterhalt zu fristen. Für Deine Zukunft hast Du nichts, keine Pension, keine Rente. Du hättest nach Deinem Schiffbruch in der Schule einen Beruf mit Lehrzeit erlernen müssen. Du wirst sehen, dass Dein Streben, Schriftsteller zu werden, nicht von Erfolg gekrönt sein wird und doch nur im Beruf eines Vertreters enden wird. Freilich ist der Vertreterberuf keine schlechte Verdienstmöglichkeit, wenn man an unsere Nachbarn, Herrn Z. oder Herrn W. denkt, aber es gibt viele Vertreter, die am Hungertuch nagen. Solange ich lebe, werde ich für Dich sorgen, Dein Vater. PS: Komm zurück, bevor es zu spät ist."

Ich kam nicht zurück, ich trampte nach Paris.

Niemand sagte „Herzlich willkommen". Das muss man sich schon selber sagen. Vielleicht hatte ich Glück, dass gerade Godards „Außer Atem" in einem Kino in Clichy lief. Ich war glückselig berauscht nach dem Film und voller Zuversicht, ein Mädchen wie Jean Seberg zu finden, das die Herald Tribune verkauft. In welcher Stadt sonst sollte man so ein Mädchen treffen?

Mein erster Nachmittag in Paris.

Rucksack abgeben in der Jugendherberge, ab ins Kino und als Belmondo herauskommen, auch wenn er am Ende tot auf der Straße liegt. Gibt es etwas Schöneres als vor den Augen Jean Sebergs zu sterben?

Belmondo, um die zwanzig, Piratengesicht, Großstadtstrolch, atmet den letzten Zug seiner Gitane. Jean Seberg, achtzehn, neunzehn, Studentin und für ein paar Francs Herald-Tribune-Verkäuferin, wollte ihn retten, aber das weiß er nicht.

Mit seinen sterbenden Lippen formt er einen Kuss und flüstert: „Du bist wirklich zum Kotzen." Er denkt, sie hat ihn verraten, dennoch liebt er sie. „Was hat er gesagt", fragt Jean Seberg den Polizisten, der ihn erschossen hat. „Er hat gesagt, Sie sind zum Kotzen."

Lange bleibt die Kamera auf Jean Sebergs Gesicht. Obwohl sie nicht weint, sieht man, wie ihr das Herz bricht. Unvermittelt – „Fin", Ende.

Der junge Belmondo und die junge Jean Seberg erzählen die Geschichte, dass man an der Liebe stirbt. Die beiden waren „the faces of the sixties", modisch, seelisch. Er trug eng geschnittene Hosen, noch keine Jeans, aber schöne Hemden, die sich im Fahrtwind der geklauten Autos wie Segel blähten. Sie hatte ein Engelsgesicht, kurz geschnittenes Haar, weil sie kein Mädchen war, das vor dem Spiegel steht, sie trägt ein blauweißes Ringelkleid. Sie war so atemberaubend rein, dass man wie ein Nachtfalter im Lampenschirm den Verstand verlor.

Zwanzig Jahre später wird die reale Jean Seberg an einem Morgen in Paris tot in ihrem Auto aufgefunden, leere Schlaftablettenröhrchen auf dem Beifahrersitz. Das Leben ist wirklich zum Kotzen.

War ich glücklich in Paris?

Na ja, vor Glück pfeifend war ich nicht, aber ab und zu pfiff ich. Leider hat man mit neunzehn keine Ahnung, wie großartig es ist, neunzehn zu sein und zu glauben, einen Roman in einem Café schreiben zu können. Wie großartig, dass man nicht weiß, dass Schreiben wie Arbeiten im Bergwerk ist und man sich jedes Wort aus dem Stollen schlagen muss und nichts weiß von dem Schweigen zwischen dem weißen

Blatt und dem Schreiber, und nichts von den Kritikern, die hinterher sagen, was für ein talentfreier, armseliger Sack man ist.

Der Junge hat Glück. Er hat keine Leser. Er ist sein einziger Leser.

Ich sehe ihn in einem Café. Er fragt den Kellner, ob er was zum Schreiben hat. Der Kellner hat nur seinen Bestellblock, aber reißt ein paar unbekritzelte Seiten ab. Der Junge fragt, ob er auch seinen Kugelschreiber haben kann. Nachdem der Kellner sich vergewissert hat, dass er einen zweiten hat, schreibt er mit dem Kugelschreiber des Kellners in den Bestellblock des Kellners ein Gedicht an Hiroshima – „Oh Atomium, oh Radioaktivität, alle Fische ungenießbar."

Das Gedicht war auf dreizehn Verse angedacht, weil es ein Unglücksgedicht sein sollte, leider sind alle Verse verloren gegangen, nur die Überschrift hat der Verfasser gerettet. „Oh Atomium, oh Radioaktivität, alle Fische ungenießbar".

Ich sehe den Jungen in einem anderen Café ein Gedicht an Gagarin schreiben. Jurij Gagarin war 1961 der berühmteste Mensch. Er war der erste Mensch im Weltall. Was den Jungen bewegte, war die Frage, ob wir da oben Brüder und Schwestern haben. Und wenn ja, warum sollten sie grün und hässlich sein? Der Junge schreibt: „Oh Gagarin, sag uns die Wahrheit, sind die Marsmenschen schöner als wir?" Oder so etwas Ähnliches schreibt er.

Es war im Café de Flore, Boulevard Saint-Germain, später Vormittag, als ich an Gagarin schrieb. Ich weiß es deshalb so präzise, weil Jean-Paul Sartre neben mir Platz nahm. Wie eine Spinne arbeitet das Erinnerungsnetz in solchen Momenten, es lässt nichts aus.

Neben mir war der einzige freie Tisch.

Sartre setzte sich.

Sartre bestellte Vichy, une petite bouteille, eine kleine Flasche Mineralwasser, un petit café. Franzosen bestellen immer petit. Un petit vin, ein kleines Glas Wein, un petit marc, einen kleinen Schnaps.

Wenn Gagarin der berühmteste Mensch im All war, dann war Sartre der berühmteste Philosoph auf der Erde. Weil ich ihn anstarrte, als sei Diogenes aus seinem Fass gestiegen, sah er mich an und nickte freundlich.

Ich sagte: „Bonjour, Monsieur Sartre."

„Sind Sie Deutscher, Tourist?", fragte Sartre.(Bis heute ärgert es mich, dass ich nur den Mund aufmachen muss, um als Deutscher erkannt zu werden.)

Ich stotterte, dass ich hier lebe.

„Ah, was machen Sie?"

„Alles", stotterte ich, „Möbelpacker, Küchenhilfe, aber ich schreibe auch und lese Ihre Bücher und die von Camus."

„Sehr schön", sagte Sartre und deutete auf meine beschriebenen Zettel. „Worüber schreiben Sie?

„Gagarin."

Sartres Gesicht war berühmt, aber als es jetzt lachte, war es schön. „Warum schreiben Sie nicht über einen Möbelpacker?".

In diesem Moment wurde Sartre von Bekannten beschlagnahmt, die unsere Unterhaltung unterbrachen. Sie verließen mit ihm das de Flore. Im Gehen drehte sich Sartre um.

„Bonne chance, jeune homme."

Dreizehn Jahre später, 1974, sah ich Sartre wieder, er war fast blind und musste von RAF-Verteidiger Klaus Croissant und Daniel Cohn-Bendit zur Pressekonferenz ins Stuttgarter Zeppelin-Hotel geführt werden. Er bewegte sich wie in mechanischer Trance. Als erstes, dachte ich, Gott, wie alt er ist. Er hatte Andreas Baader in Stammheim besucht, um gegen die Haftbedingungen zu protestieren.

„Les Conditions", begann er im Zeppelin-Hotel – ob nun Cohn-Bendit übersetzte oder Croissant, weiß ich nicht mehr. „Les Conditions, die Haftbedingungen, sind die folgenden: Andreas lebt wie seine Kameraden und besonders Ulrike Meinhof in einer kahlen, weißen Zelle, wo kein Lärm von draußen zu hören ist. Außer den Schritten des Wächters, der das Essen dreimal bringt, hören sie nichts. Dazu brennt in der Zelle rund um die Uhr das Licht, was unerträglich ist. Es handelt sich nicht um Folter in der Art und Weise der ehemaligen Nazis, Qualen mit einem anwesenden Henker, der seine Opfer ganz individuell foltert, sondern um eine ganz andere Sache. Es handelt sich um eine psychische Folter, in dem sie alles abschaffen, was den Eindruck von Leben erweckt."

Es war eine bizarre Pressekonferenz, bei der sich herausstellte, dass Sartre den kahlen, weiß gestrichenen Besucherraum von Stammheim mit Baaders Zelle verwechselt hatte.

Baaders Zelle war mit vier Bücherregalen ausgestattet, seine Privatbibliothek umfasste 974 Bücher, die meisten geliefert vom Frankfurter Verlag „Zweitausendeins". Baader besaß 75 Langspielplatten. Er hörte in seiner Zelle Santana, Pink Floyd, The Who, Rolling Stones, Leonard Cohen, Jethro Tulls „Living in The Past".

Die männlichen und weiblichen RAF-Häftlinge im Hochsicherheitstrakt hatten offene

Zellentüren, sie konnten sich täglich acht Stunden besuchen.

„Meinhof, Baader, Ensslin, Raspe lagen oder saßen oft rauchend, lesend zusammen", berichtet der stellvertretende Vollzugsdienstleiter von Stammheim. „Verboten war ihnen, Musik laut zu hören, sie mussten sich Kopfhörer aufsetzten. Das waren so Mordsapparate."

Wie war es der RAF gelungen, dass sich Sartre mit den Mördern solidarisierte?

Den Ausschlag muss sicher jenes berühmte Foto vom ausgemergelten Leichnam des RAF-Terroristen Holger Meins gegeben haben. Um den „unmenschlichen Staat und seine Justiz" anzuprangern setzte die RAF als Mittel den Hungerstreik ein. Nach 58 Tagen war Holger Meins trotz künstlicher Ernährung gestorben. Er wog bei 1,86 Meter 39 Kilo. Meins war der erste Märtyrer der RAF. Tausende demonstrierten mit seinem schrecklichen Skelett-Foto. Wie eine Monstranz trugen sie es durch die Straßen der Städte. Am 18. November 1974 wurde Meins in Hamburg beerdigt. An seinem Grab stand auch der RAF-Anwalt und spätere Innenminister Otto Schily. Er sprach von einer „Hinrichtung auf Raten". Sechzehn Tage später, am 4. Dezember, kam Sartre nach Stammheim.

Weil das Gedächtnis ein Spinnennetz ist, hängt in den Fäden der Name einer Gastwirtschaft in München-Schwabing, wo ich Andreas Baader kennenlernte: Schelling-Salon.

Trotz vieler Indizien, die gegen mich sprachen – abiturlos, Spinner –, war ich Hilfsreporter bzw. Volontär bei Bild in München geworden. Ich hatte in Paris einen Journalisten kennengelernt, der mir sagte, wie man Schriftsteller wird.

„Du musst Volontär bei einer Zeitung werden, dann bist du drin, du wirst Reporter. Verleger lesen Zeitung, einem gefällt, was du geschrieben hast und du kriegst einen Buchvertrag mit einem Vorschuss von 2500 Mark. Davon kannst du ein halbes Jahr leben und deinen Roman schreiben, der dann verfilmt wird."

Dieser Journalist ist an Leberzirrhose gestorben. Unter seinem Bett lagen 85 leere Weinflaschen, sein Sohn hat es mir erzählt. Sein Vater hat nie einen Roman geschrieben, aber ein paar schöne Gedichte.

Schräg gegenüber vom Buchgewerbehaus, in dem sich die Bild-Redaktion befand, Barer-, Ecke Schellingstraße, war der Schelling-Salon. Poolbillardtische, keine Musikbox, kein sinnloser Krach, in einer Ecke wurde Schach gespielt, im Hinterzimmer eine Tischtennisplatte, im Keller ein Kicker. Bei Kneipen ist das so, entweder man betritt eine einmal und nie wieder, oder man wird Stammgast. Der Schelling-Salon war der ideale Ort zu warten, dass der Tag verging oder was passierte, ein Brand, ein Mord, ein Wunder – Dreijährige überlebt 15-Meter-Sturz vom Balkon!

Es muss nach den Schwabinger Krawallen 1962 gewesen sein, als Baader und ich uns im Schelling trafen. Es gibt die Meinung, dass die Schwabinger Krawalle Baader radikalisiert haben. Das glaube ich nicht, denn dann hätten 20.000 Schwabinger auch Staatsfeinde werden müssen.

Die Schwabinger Krawalle begannen, weil sich irgendein Spießer von fünf Jugendlichen, die nach 22 Uhr auf der Leopoldstraße Gitarre spielten, belästigt fühlte. Das Delikt hieß „Ruhestörung". Als die Polizei die Gitarrenspieler festnehmen wollte, stellten sich die Zuhörer vor die Musiker, jemand ließ aus den Reifen des Polizeibusses die Luft raus.

Es war Sommer, es war Spaß, es war Ende Juni, immer mehr Schwabinger beteiligten sich an immer mehr Delikten. „Blockade des Grünstreifens", „Behinderung des Verkehrs". Fünf Sommernächte dauerte das Happening. Unter den Festgenommenen befand sich auch Andreas Baader.

Eine Kneipe ist der Zusammenschluss einzelner Menschen, die nicht miteinander verwandt sind. Ich kann mich an unsere erste Begegnung nicht erinnern, weil sie wahrscheinlich aus einer Reihe von Begegnungen bestand. Mal am Kicker, mal spielten wir nebeneinander an den Poolbillardtischen. Man lernt sich kennen, auch wenn man nicht miteinander spricht.

Irgendwann: „Hey, wie geht's? Alles klar?"

Er sei Kunststudent, sagte Baader, aber er kann auch gesagt haben, dass er Schauspieler ist oder freier Grafiker. Wir zogen ein halbes, dreiviertel Jahr lose miteinander in München herum.

München war nicht Metropolis New York, aber es gab Lilos Leierkasten, Das Nest, das Kino Türkendolch oder das Occam, das die ganze Nacht Dracula-Filme spielte. Man lief sich unverabredet über den Weg. Ein Mädchen, das damals auch dabei war, sagte in einem Interview: „Baader hatte eine Fresse wie eine Kloake".

Das empfand ich nicht.

In meiner Erinnerung hat er eher ein weiches Gesicht, dunkle Haare, blaue Augen, jedenfalls flirteten die Mädchen zuerst mit ihm und nicht mit mir.

Wenn er sagte: „Gehen wir vor die Tür", dann gingen sie mit ihm vor die Tür. Ein Mädchen in einem Lokal abzugrabschen war damals undenkbar, im Freien schon leichter.

Baader war 100 Prozent kein Homo, obwohl es später hieß, er habe sich in der Westberliner Schwulen-Szene rumgetrieben und die Lippen geschminkt.

Das Gedächtnis ist nicht nur ein Spinnennetz, es ist auch ein Schwamm. Drückt man den Schwamm, dann tropfen Begriffe wie „Homo" oder „am anderen Ufer" heraus. „Homos" nannten wir in den Sechzigern Schwule, sie waren Zielscheibe unseres Spotts. Eigentlich waren wir ein schwulenfeindliches Pack, am meisten machte sich Baader über sie lustig. Seltsam: Baaders Onkel, der Bruder seiner Mutter, war Tänzer und schwul.

Wie waren diese Münchner Nächte, worüber sprach man?

Über Mädchen? Ja.

Die jämmerliche Welt? Nein.

Autos? Ja.

Vietnam? Gab es noch nicht in unseren Köpfen.

LSD? Kannten wir nicht.

Marihuana? Vereinzelt.

Aber in Phantasterei kannten wir uns aus. Längst waren wir alle Regisseure (Baader), Schauspieler (Baader), Innenarchitekten (auch Baader), Drehbuchautoren (ich und Baader).

Das war nachts. Tagsüber bestand mein Leben aus Kleinkram, Verkehrsunfällen, Blechschäden, Diebstählen, Körperverletzungen, K.o.-Tropfen von Nutten, Versicherungsbetrug, verirrten Entenfamilien auf der Maximilianstraße, die von der Feuerwehr gerettet wurden, aus all dem Zeug, zu dem Anfänger geschickt werden.

Mein Start bei Bild war nicht berauschend, es stellte sich heraus, dass ich schüchtern war. Schüchtern ist vielleicht das falsche Wort, aber mir fällt kein besseres ein. Ich traute mich nicht, an Türen zu klingeln, hinter denen geweint wurde. Ich war der schlechteste Foto-Beschaffer von Selbstmördern, erschossenen Taxifahrern, verunglückten Bergsteigern. Wenn ich dann doch geläutet habe – nachdem ich zehn Zigaretten vor dem Haus geraucht hatte – und der Türspalt sich öffnete, bekam ich Schiss und sagte, ich hätte mich verläutet.

Wie Baader seine Tage verbrachte, weiß ich nicht. Er hat mir nie gesagt, dass er ein Schulversager ist. Einmal war er wegen Fahrens ohne Führerschein erwischt worden. Als ich ihn fragte, warum er keinen Führerschein hat, sagte er: „Ich lass mich nicht mehr prüfen."

Es heißt, er hätte bis Mittag geschlafen, das erklärt, warum er nachts hellwach war.

Es war ein Drama, wenn die letzte Kneipe zumachte. Baader war schlaflos, auch um drei Uhr morgens.

In einer Nebenstraße in Schwabing gab es ein Automatengeschäft, das Tag und Nacht geöffnet hatte. 50 Pfennig, drei Eier. Wir tranken die Eier roh und kotzten, weil wir die ganze Nacht Cuba Libre getrunken hatten. Am Morgen wachten wir vor dem Automatenladen auf und die Passanten beschimpften uns als Penner.

Baader wuchs ohne Vater auf, sein Vater war Dr. phil. Berndt Philipp Baader. Mit 29 schrieb der seine Doktorarbeit über das kulturelle Leben am bayerischen Renaissancehof Herzog Wilhelms V. Es gibt ein Foto aus dem Jahr 1944. Der kleine Andreas sitzt auf den Schultern seines dreißigjährigen Vaters. Ein Jahr später, 1945 in Stalingrad, stirbt sein Vater an Ruhr, was so viel heißt, dass er einen elenden Tod hatte. Das alles wusste ich nicht, ich habe es hinterher erfahren.

Die Schwabinger Zeit war kein nächtliches Beichten; was uns betraf, waren wir stumm. Wir erzählten uns nicht unser Leben. Wir gaben mit Mädchen an, die schnell, halbschnell mit uns ins Bett gingen, obwohl kein Wort daran wahr

war. Irgendwie waren wir Einsiedler, die sich nur das Nötigste sagten.
    Hast noch ne Kippe?
    Gehst noch mit?
    Ist doch scheiße hier.
    Was willstn hier?
    Alles Arschlöcher.
    Scheißweiber.
    Ich geh jetzt.
    Scheißmusik.
    Krieg das Kotzen.

Vor fünf Jahren rief mich Klaus Stern an, er ist Dokumentarfilmer und Grimme-Preisträger, ein hoch ausgezeichneter Journalist, 2003 erhielt er den Deutschen Fernsehpreis. Er sagte, dass er an einem Buch über Andreas Baader arbeite. Eigentlich hätte er nur eine Frage: Ob mir bekannt sei, dass Andreas Baader sich Anfang der sechziger Jahre in Berlin beim Springer Verlag als Reporter beworben habe, bei der Bildzeitung oder BZ. Ich sagte, dass ich davon nichts weiß. „Aber Sie waren doch Freunde", sagte Stern.
    Es rasselte in meinem Kopf. Niemanden hatte ich erzählt, dass ich Baader kannte – und Baader war tot. Wer außer uns beiden wusste, dass wir uns kannten?
    Der Grimme-Preisträger sagte, dass es

Briefe aus dem Knast gäbe, die auf mich hinweisen: „Sie waren doch damals bei Bild. Entstand nicht bei Baader der Wunsch, Journalist zu werden? Sie waren doch Kumpels."

„Wir waren Strolche", sagte ich. Eine ganze Seite hat er über Baader und mich in seinem Buch geschrieben.

In den Jahren 1961 bis 1963 ereignet sich Folgendes.

Die Pille ist seit Januar 1961 als Verhütungsmittel auf Rezept für verheiratete Frauen in deutschen Apotheken erhältlich.

Am 2. Juli 1961 richtet Ernest Hemingway den Lauf seines Jagdgewehrs gegen seine Stirn und drückt mit dem großen Zeh seines rechten Fußes ab.

Nach der Sturmflut in Hamburg am 16. und 17. Februar 1962 werden 315 Todesopfer beklagt, tausende Hamburger verdanken ihr Leben dem Polizeisenator und späteren Bundeskanzler Helmut Schmidt, der die Rettungsarbeiten leitet.

Am 31. Mai 1962 endet der SS-Obersturmbannführer Adolf Eichmann in Israel am Galgen.

Am 5. August 1962 wird Marilyn Monroe tot in ihrem Bett im 12305 Fifth Helena Drive, Brentwood, Los Angeles aufgefunden.

Die erste Beatles-Single „Love Me Do" kommt im Oktober 1962 in England heraus, sie erreicht Platz 17 der britischen Single-Charts.

„Der Spiegel" erscheint Montag, 8. Oktober 1962, mit der Titelgeschichte „Bedingt abwehrbereit", in der erhebliche Schwächen der Bundeswehr aufgedeckt werden. Wegen Landesverrats wird Verleger Rudolf Augstein verhaftet, bis Februar 1963 sitzt er im Gefängnis Hamburg-Fuhlsbüttel. Am Ende der Spiegel-Affäre stürzt Verteidigungsminister Franz Josef Strauß.

Von Dienstag, 16. Oktober 1962, bis Samstag, 28. Oktober, 13 Tage, steht die Welt am Rande eines Atomkriegs. Russland will Raketen auf Kuba stationieren, Amerika droht mit einem Gegenschlag.

Martin Luther King hält am 28. August 1963 vor 250.000 Zuhörern, darunter 60.000 Weiße, in Washington die I-Have-a-Dream-Rede.

Konrad Adenauer, Gründungskanzler der Bundesrepublik Deutschland, scheidet am 15. Oktober 1963 aus seinem Amt. Er ist 87 und war 14 Jahre Kanzler. Bei seinem Abschied sagt er: „Wir Deutschen dürfen unser Haupt wieder aufrecht tragen, denn wir sind eingetreten in den Bund der freien Nationen".

Am 16. Oktober, einen Tag später, wählt der Bundestag Ludwig Erhard, den Vater der „Sozialen Marktwirtschaft" und des „Wirtschaftswunders", zum zweiten Bundeskanzler der Republik.

Am 7. November 1963 werden elf in 58 Meter Tiefe verschüttete, tot geglaubte Kumpel, 14 Tage nach dem Grubenunglück in Lengede bei Salzgitter gerettet. Es ist das „Wunder von Lengede".

Am 22. November 1963 wird John F. Kennedy in Dallas, Texas, erschossen. An Bord der Präsidentenmaschine Air Force One, auf dem Flug von Dallas zurück nach Washington D.C., leistet Lyndon B. Johnson den Amtseid und wird 36. Präsident der USA.

Manche Dinge, selbst die persönlichsten, fallen dem Vergessen anheim, andere bleiben wie ewige Fingerabdrücke.

Das Pferd ohne Reiter hinter Kennedys Sarg.

Der salutierende kleine John jr. vor dem Sarg seines Vaters.

Der letzte, rätselhafte Absatz der vorgesehenen Rede, die Kennedy in Dallas nicht mehr hält. „Liebe Mitbürger, unsere Generation ist - nicht aus eigenem Antrieb, sondern vom Schicksal - zum Wächter auf den Wällen der freien Welt bestimmt. Ganz so, wie schon vor langer Zeit geschrieben wurde: Wo der Herr nicht die Stadt behütet, so wachet der Wächter umsonst."

Kein amerikanischer Präsident ist von den Deutschen so geliebt worden wie John F. Kennedy. Seine Rede am 26. Juni 1963 vor dem Schöneberger Rathaus in Westberlin ist Teil der Biographie der Deutschen. „Two thousand years ago the proudest boast was ‚civis Romanus sum'. (Ich bin ein Bürger Roms.) Today, in the world of freedom, the proudest boast is ‚Ich bin ein Berliner'."

Für mich ist nach der Ermordung Kennedys der Thron Amerikas leer geblieben, wer immer darauf Platz nahm: Nixon, Ford, Carter, Reagan, Clinton, die Bushs, selbst Obama.

„Hol O-Töne von der Straße, wir machen eine ganze Seite Stimmen, hieß es in der Redaktion. Also raus, Passanten befragen. Beim Einkaufen, vor einem Schuhgeschäft, in einem Cafe, an einer Straßenbahnhaltestelle. „Entschuldigung, Kennedy ist ermordet worden." Alle sagten: „Seine armen Kinder ..." – „Jackie tut mir so leid ..." – „Es ist, als ob mein Vater ..." – „Ich hab Angst." Niemand sagte, was ich dachte: Warum haben sie Hitler nicht erschießen können, wenn es so leicht ist, den Präsidenten der Vereinigten Staaten zu erschießen?

Während all dies geschah, erfreuten sich im deutschen Fernsehen die Serien „Fury",

„Lassie", „Flipper", „Bonanza" größter Beliebtheit. 1962 löste der Kabarettist Wolfgang Neuss einen Skandal aus, als er am Vortag der Ausstrahlung den Mörder im Durbridge-Krimi „Das Halstuch" verriet. Bild nannte ihn einen Vaterlandsverräter. Ein großer Star war Lou van Burg mit „Der Goldene Schuss", der ersten Quizsendung im deutschen Fernsehen.

Ich selbst lernte in dieser Zeit Schreibmaschine schreiben bzw. Schreibmaschine hören. Das reale Geräusch der Buchstaben auf dem Blatt Papier. Das Schleifen des Bügels zum Anschlag der nächsten Zeile. Das Wachsen der Sätze, das pulsierende, papierene Leben, das schneller werdende Hämmern in die Tasten, die plötzlich eintretende Stille, das Herausreißen der Seite, das Zusammenknüllen der Seite, das knirschende Einspannen einer neuen Seite mit dem Drehknopf unter dem Bügel.

Ich vermisse die alte Fabrik und ihre Geräusche. Der „Brief an Deutschland" wird geräuschlos auf einem Mac geschrieben, Absätze werden geräuschlos gelöscht.

Wenn es damals „Wetten dass ...?" gegeben hätte, dann hätte ich die Wette gewonnen, am Geräusch der Tasten zu erkennen, woran ein Reporter gerade arbeitet.

Der Gerichtsreporter schreibt abgehackt,

mit vielen Doppelpunkten und ständiger Betätigung des Bügels. Zeuge, Doppelpunkt, Aussage, Bügel. Verteidiger, Doppelpunkt, Zwischenfrage, Bügel.

Der Sportreporter beschreibt Szenen, die sich von Sekunde zu Sekunde ändern, deshalb macht er keine Punktsätze, sondern Kommasätze wie: „ein Haken nach links, Komma, eine kleine Finte nach rechts, Komma, den Ball mit der Schuhspitze anheben, Komma, einmal den Ball aufprallen lassen, Komma, das lange Bein des Gegenspielers, Komma, ..."

Der Sportreporter beschreibt die Ungewissheit, wohin der Ball fliegt, deshalb schreibt er Kommasätze und keine Punktsätze.

Der Kollege, der den Veranstaltungskalender bearbeitet, schreibt das langsamste Tak, Tak, Tak. Er hat nur ein paar Verben zur Verfügung: „... findet statt", „... treten auf", „... kommt zur Aufführung". Er ist das ärmste Schwein in der Redaktion. Er zergrübelt sich den Kopf, ein schöneres Wort für „... findet statt" zu finden.

Purer Nonsens. Bitte rausreißen, zerknüllen, wegwerfen, löschen, geräuschlos ab in den digitalen Müll. So geht Schreiben nicht. Wette erfunden.

Worüber ich eigentlich reden wollte, ist der Rausch, der mich erfasst hat, seit ich Reporter bin. Gehen Sie davon aus, dass jetzt Stille, Pause herrscht zwischen dem Mac und mir.

Vielleicht ist der Begriff Rausch schon falsch, weil er in Richtung Alkohol, Drogen, künstliche Paradiese weist, andererseits hänge ich an dem Beruf wie an der Flasche. Wäre ich Wallraff, könnte ich schreiben/ schreien: Weil die Wahrheit in dieser verlogenen Welt immer wieder neu entdeckt und beschrieben werden muss, ist der Beruf des Reporters unentbehrlich. Wäre ich Journalistik-Professor, würde ich sagen, dass Reporter tägliche Geschichtsschreiber sind, Historiker der Gegenwart.

Gott, ist das schwer zu erklären, warum ich mit Leib und Seele Reporter wurde. Einmal sagte ich vor Journalistenschülern, dass Journalismus für mich zuerst wie Blinzeln gewesen sei, ein interessiertes Aufschauen aus der Gleichgültigkeit, so wie man ein Mädchen plötzlich ansieht und daraus Liebe wird. Keine Ahnung, was die Journalistenschüler davon hielten. Ihre Augen wurden Glasmurmeln (meine auch, wenn ich lüge).

Manchmal helfen Fotos. Wie war ich in den Sechzigern? Es gibt keine Fotos. Erst in den

Achtzigern wurde es Mode, sich als Reporter am Tatort oder mit Interviewpartnern fotografieren zu lassen. Wäre mir dieser Kerl, der von Story zu Story jagt, sympathisch gewesen? Was jagt er überhaupt? Jagt er als weißer Ritter das Böse, den korrupten Politiker, den Kinderverderber, Frauenquäler, Einbrecher? Warum ist er als Erster morgens in der Redaktion, warum ruft er nachts aus Kneipen an, ob was los ist? Warum hört er den Polizeifunk ab. Was ist seine Beute? Seine Beute ist der Aufmacher. Seine Beute ist sein Name. Wenn sein Name über dem Aufmacher steht, wird der graue Himmel blau, seine Schritte klingen anders, die Vögel singen anders, er traut sich, mit Mädchen zu flirten.

Wenn er keine Story hat, kommt es ihm vor, als ob er nicht lebt.

Was ich als junger Reporter lernte:

Nach Interviews nie im Hausflur mit dem Fotografen reden, weil der Interviewte hören könnte, was für ein Idiot er ist.

Weder dem Chefredakteur, Ressortleiter, der Freundin die Story erzählen, bevor du sie geschrieben hast.

Eine Geschichte, die du erzählt hast, ist nicht mehr Neuschnee. Erzähl sie zuerst dem weißen Blatt Papier.

Mittags nichts essen. Essen macht müde.

Beim Schreiben unter Zeitdruck cool bleiben, wer fickerig wird, schreibt fickerige Sätze.

Du bist kein Psychologieprofessor, schreib keine Erklärstorys.

Spesenvorschüsse sofort abrechnen, noch bevor du die Story schreibst. Sie ziehen dir die nicht abgerechneten Spesen vom Gehalt ab. Einmal überwiesen sie mir als Monatsgehalt nur 25 Mark.

Nie zu lange an dem Einstiegssatz sitzen, du hast dann keine Zeit mehr für die Story. Ich weiß, man will immer mit dem ersten Satz das Blaue vom Himmel holen. Aber es gelingt so selten. Meiner Meinung nach ist dem unbekannten US-Thriller-Autor Ross Thomas der perfekte erste Satz gelungen. Er fängt eine Geschichte mit diesem Satz an. „Es begann, wie das Ende der Welt beginnen wird, mit Telefonklingeln um drei Uhr morgens."

Verschlampe nie die Unterlagen deiner Recherche, eigene Notizen, Tonbänder, abfotografierte Akten. Hebe das Zeug an einem Ort auf, den nur du kennst. Wenn sie dich verklagen, musst du dich wehren können.

Putz nach den Zähnen morgens deine Schuhe. Nichts ist erbärmlicher als ein verwahrloster Reporter.

Wenn der Chefredakteur will, dass du deine Story umschreibst – falscher Aufbau, das Ende an den Anfang –, tu ihm den Gefallen. Beim dritten Versuch wirf die Story weg. Sie ist giftig.

Freunde dich nicht mit Interviewpartnern an, solche Interviews werden nie gut.

Wenn du was Übles über jemanden geschrieben hast, dann ruf ihn vorher an, damit ihn nicht am nächsten Morgen der Schlag trifft. Aber ruf ihn erst an, wenn deine Zeitung, Zeitschrift ausgeliefert ist und er keine Chance hat, die Auslieferung per Gericht zu verhindern. Du bist in dieser Situation ein Schwein, aber ein halbes.

Einige Sünden, die ich als Reporter begangen habe:

Im Polizeibericht stand, ein kleiner Junge, acht Jahre, sei in der Jauchegrube des elterlichen Bauernhofs ertrunken. Es war der einzige Todesfall an einem ereignislosen Tag. Ich fuhr in das Dorf. Auf dem Anwesen war es still, als ich in die kleine Zufahrt bog. An vierzig, fünfzig Zeilen dachte ich, an ein „Tränenstück".

„Hallo", rief ich in das stille Bauernhaus, trat ein. Die Bäuerin, die Mutter, saß am Küchentisch. Funzliges Licht, obwohl es

Mittag war. Hinter ihrem Rücken an der Wand ein Holzkreuz. Ich glaube, sie hat mich gar nicht kommen gehört.

„Ein paar Fragen."

Sie schrak hoch.

„Ich hab euch Beamten doch alles gesagt."

Sie verwechselte mich.

„Wir brauchen ein Foto von Ihrem Jungen."

Sie suchte nach einem Foto. Ihre Hand zitterte, als sie es mir gab.

Der Junge auf dem Foto sah aus wie ein Junge, der glücklich ist, Traktor zu fahren.

„Er hat ihn erlöst", sagte sie, und begann zu weinen.

Sie konnte nicht aufhören zu weinen und zu reden.

Der Junge hat gestottert, alle haben über ihn gelacht. Er wollte nicht mehr in die Schule. Er hat sich immer auf den Mund geschlagen.

Er ist von alleine in die Jauchegrube. Ihr Mann habe nur Bretter darüber gelegt.

Wo ihr Mann jetzt sei.

„Ihr habt ihn doch mitgenommen."

Ich sagte, dass sie das Foto zurückbekomme nach der Veröffentlichung. Ich sei von der Presse.

Die Bäuerin sah mich an, als wäre ich ein Gespenst.

Ich schrieb die Story „Vater ertränkt Sohn in Jauchegrube, weil er stottert". Der Blick der Bäuerin verfolgt mich bis heute.

1976, Auftrag: Rudi Carrell bei den Proben beobachten, mit Alfred Biolek, dem Produzenten vom „Laufenden Band" reden, mit Beleuchtern, Gagschreibern, Maskenbildnern. Dann ein Interview mit Rudi Carrell.

„Auch ein Bier?", fragt Carrell, als wir uns zum Interview treffen.

Hinter seinem Schreibtisch ist ein kleiner Kühlschrank. „Glas oder ohne?", fragt er und öffnet zwei Flaschen mit dem Feuerzeug.

„Ohne."

Er schiebt mir die Flasche rüber. Aus seiner Brieftasche fingert er einen ausgeschnitten Zeitungsartikel.

„Den hab ich immer bei mir."

Er beginnt daraus vorzulesen.

„Die Leute lachen, bis ihnen die Tränen kommen. Das freut den alten Clown Lou van Burg. ‚Wunnebar', sagt er, ‚sehen Sie: Sie lachen, lachen.' Und er merkt gar nicht, dass sie ihn alle auslachen. Pomadenheini, alter Trottel, rufen sie. Ein paar Besoffene rülpsen. Zum Glück hört der alte Clown ein bisschen schlecht."

Carrell guckt auf.

„Das haben Sie geschrieben, es ist Ihr Artikel", sagt er, „ich hab ihn hunderte Male gelesen. Wenn ich einen Fernsehpreis bekomme, lese ich ihn zweimal. Manchmal lese ich ihn mit meinem Namen, Carrell statt Lou. Das hört sich dann so an ..."

„Carrell hat für einen Monat wieder Arbeit. Er darf Tagesausflügler bei Butterfahrten auf der ‚Wappen von Hamburg' nach Helgoland unterhalten. Vor sieben Jahren war Carrell ein Star – der Publikumsliebling des deutschen Fernsehens. Und heute? Das ZDF hat ihn rausgeschmissen, Schulden, Auftritte in Supermärkten, auf Betriebsfesten. Ruine von Mann. Perücke auf dem kahlen Kopf, Schweißbäche fließen von seinem Gesicht. Er hat Zucker, zu dick ist er auch. ‚Aber von hinten', ruft Carrell ins Publikum, ‚bin ich noch ganz lecker'. Carrell dreht sich um, mimt einen Schwulen. Das Publikum grölt."

Carrell steht tatsächlich auf und wackelt mit dem Hintern. Er setzt sich, sieht mich an.

„Ich war auf der ‚Wappen von Hamburg'", sage ich, „es war schrecklich, ich hab Lou van Burg so erlebt. Alles hat sich so zugetragen."

Was sich nicht zugetragen hat, weiß ich heute: Mitleid. Ich hatte in den Abgrund eines Menschen geblickt ohne Mitleid.

Carrell hat mir meine mitleidlose, kalte Story vorgelesen und mich dabei in sein furchtsames Herz blicken lassen – seine Angst, Lou van Burg zu werden und in die Hände eines Reporters zu geraten wie mich.

Die Bäuerin, van Burg, Carrell, solche blauen Flecken bleiben auf der Seele.

Nicht das gefälschte Caroline-Interview in Bunte, nicht das mit Tom Cruise. Eigentlich wollte ich davon erst später erzählen. Aber es passt auch jetzt ganz gut, weil es das Narrengold des Boulevards beschreibt, auf dem ich Karriere machte. Als Überschrift für das gefälschte Caroline-Interview würde ich gerne eine Gedichtszeile von Charles Bukowski zitieren. „Great Poets die in steaming pots of shit" (Große Dichter sterben in dampfender Kacke).

Am Konferenztisch vor randvollen Aschenbechern sitzen in der ersten Märzwoche 1992 Bunte-Redakteure und planen das neue Heft. Die meisten sind jung, Jeans, T-Shirts, Biker-Typen, California Girls. Alle machen sie Überstunden, arbeiten an den Wochenenden. Wenn ich ihnen gesagt hätte: Fliegt zum Mond, sie hätten es versucht. Bunte war damals Silicon Valley. Sie hatten mit mir die alte Bunte „vom tantigen Tosca-Charme" befreit.

„Leute, Leute – die Bunte" warb der Verlag, Verleger Hubert Burda schien glücklich, doppelseitige Anzeigen in der Medienfachpresse wurden geschaltet. Eine sah so aus: Eine liebevolle Omi mit Brille. Über ihr Gesicht in riesigen Lettern „Lieber Herr Wagner, hiermit kündige ich mein Bunte-Abo". In Klammern daneben: „Die Bunte wird immer jünger, so wie ihre Leser. Mit dem Medienkonzept der Zukunft. Die Auf- und Abstiegsprozesse unserer modernen Gesellschaft. Denn nichts interessiert Menschen mehr als das Leben anderer Menschen. Ein Konzept, dem Woche für Woche immer mehr junge Leute recht geben."

Das Konzept des Verlages war, schlichter ausgedrückt: BMW-Cabrio-Anzeigen spielen mehr Geld ein als Stützstrümpfe, Abführtropfen oder ein Tonikum gegen die Vergesslichkeit.

Die Redakteure am Konferenztisch von Bunte sind mächtig stolz auf sich. Sie fühlen sich als homo novus journalisticus, als Avantgarde. Im Schumann's, Münchens Kultbar, lobt der Dichter Wolf Wondratschek ihre witzige Sprache als „wunderbar undiszipliniert". Redakteure der Süddeutschen Zeitung lesen Bunte, schreiben anonym in Bunte oder unter ihrem Namen für viel Geld wie Kultur-Papst Joachim Kaiser, 5000 Mark pro Artikel für Mozart, Bayreuth, Salzburg. Wenn Donnerstagmorgen die aktuellen Illustrierten beim Spiegel in Hamburg eintreffen, ist Bunte als erste vergriffen.

Aber bei allem Guten gibt es auch die dampfende Kacke, Prinzessin Caroline von Monaco.

Die Redaktionskonferenz also. Die California Girls, die hübschen Reporterinnen, haben alle Auf- und Abstiegsprozesse recherchiert. Alle Promis sind in dieser Woche leider glücklich. Keine Scheidung, keine Hochzeit, keine Indiskretionen aus Bonn und Business, niemand steigt auf, niemand ab, niemand auf der Abschussliste, alle Promikinder brav, TV langweilig, Steffi Graf nicht schwanger, Moshammers Hündchen hat keinen Diamanten verschluckt.

Immer deprimierender wird die Radaktionskonferenz. Der Tiefpunkt ist erreicht, als die Frage fällt: Was bewegt die Menschen?

Die Redakteure versinken in starrer Reglosigkeit.

Jemand sagt: das Wetter.
Jemand Bosnien.
Jemand Rückenschmerzen.
Jemand Kohl.
Jemand Ficken.
Jemand Ananasdiät.
Jemand Lifting.
Jemand Urlaub.

Aus der Ecke des Fotoressorts meldet sich jemand. Eine österreichische Fotoagentur bietet Fotos von Prinzessin Caroline von Monaco im Schnee an, sie haben auch Quotes, die man zitieren kann. „Caroline sieht ziemlich unglücklich aus. 10.000 Mark wollen die ..."

Es muss wie bei diesen Rennen gewesen sein, wo Hunde dem mechanischen Kaninchen nachjagen – dem unerreichbaren Glück.

Die Hunde schnüffeln am Wort „unglücklich". Eine Prinzessin, eine Betrogene des Glücks, Witwe, die U-Bahntreppen der Seele herunterkommend.

Was für eine Titelstory!

All dieser Quatsch stand in der nächsten Ausgabe von Bunte mit erfühlten, erdachten Zitaten. „Psycho-Interview mit Caroline" titelte die Bunte. „Traurigkeit, Hass auf die Welt und ihre Glückssuche."

Caroline hat nur drei Sätze zu den Paparazzi gesagt: „Haut ab, lasst mich in Ruhe, verschwindet."

Eigentlich hätte ich sie alle rausschmeißen müssen, die diese Story verzapften. Aber ich tat es nicht. Bis heute hab ich verschwiegen, dass ich während der Caroline-Scheiße im Urlaub war. Aber wenn Chef, dann auch Chef in Not.

Und mit Rausschmeißen ist es so - eine kleine Geschichte:

Einmal flog Axel Springer mit seinem Privatjet von Berlin nach Hamburg, Axel, sein Sohn, hat sie mir erzählt. Hinter Hannover sagte der Pilot: „Herr Springer, ich habe mich mit dem Sprit verrechnet, wir müssen notlanden."

Sie landeten auf einem Kartoffelacker. „Das war's wohl", sagte der Pilot, „ich bin gefeuert." Springer sagte: „Warum soll ich Sie feuern, Sie werden diesen Fehler nie wieder machen."

Diese Bunte-Crew ist nie wieder auf einem Kartoffelacker gelandet - für das gefälschte Tom-Cruise-Interview ist sie nicht verantwortlich.

Ein von Ehrgeiz zerfressener Kollege war zu uns gestoßen, meine Schuld, dass ich ihn einstellte.

Manchmal stellt man Leute ein, um die alte Crew aufzuwecken. Hallo, wir liegen nicht am Strand, der Sommer ist vorbei, die Auflage stagniert, Gewitter muss ins Heft, Wind.

Eigentlich sollte der Filmkritiker von Bunte das Interview mit Tom Cruise führen. Aber ich sagte: Lasst das mal den Neuen machen. Tom Cruise promotete seinen neuen Film

„Mission Impossible". Er saß in einem Hamburger Hotel und empfing in seiner Suite im 30-Minuten-Takt einen Reporter nach dem anderen. Meistens sind solche Interviews tiefgründig wie eine Pfütze.

Mit dem Neuen hatte ich die richtige Nase. Als Geschenk für dessen Adoptiv-Kinder hatte er Papa Cruise niedliche, originalbayrische Lederhosen mitgebracht – und dann „war alles ganz einfach", berichtete der Neue. Sein Interview las sich fantastisch. Cruise, alles in wörtlicher Rede, liebe seine Kinder als wären sie seine eigenen, die Möglichkeit der Adoption sei ein Geschenk für alle zeugungsunfähigen Eltern, er selbst habe das medizinische Problem.

„Lenden leer, Kassen voll", schlagzeilte ich begeistert über das Interview. Ich war sehr stolz auf den Neuen. Von Singapur bis Los Angelos wurde Bunte zitiert.

Es war der darauf folgende Sonntag, als ich mich mit einer Sekretärin zum Postmachen in der Redaktion verabredet hatte. Unter der Woche kommt man zu nichts.

Kosten-Controller des Verlags mahnen, dass der Redaktions-Etat überschritten ist. Das Büro Burda beschwert sich, dass Bunte-Reporter auf den Parkplätzen des Vorstands parken. Der Betriebsrat wirft mir vor, 230-mal gegen die Arbeitszeitordnung verstoßen zu haben. Leserbriefe, Beschwerden, Bewerbungen, Einladungen absagen, zusagen. So was.

Während wir Post machen, beginnt das Fax im Sekretariat zu tickern, zu tickern, es hört nicht auf zu tickern. Ich reiß die ersten Fax-Seiten ab und lese, dass Tom Cruise Bunte auf 90 Millionen Dollar verklagt. „Niemals habe er gesagt, dass er zeugungsunfähig sei. Seine Filmfirma hätte das ganze Interview mitgeschnitten. Beweis 1: das Tonband. Beweis 2: die Presseassistenten des Stars, die beim Interview anwesend waren.

Der Absender des Fax ist eine Rechtsanwalts-Sozietät in Los Angeles. Weil ich an einen Scherz glaube, rufe ich die Sozietät in der Hoffnung an, dass es sie nicht gibt.

Es gibt sie.

„Bunte, Munich, Germany. Sie haben uns gerade gefaxt?"

„Yes."

Was passiert, wenn einen der Schlag trifft? Wenn man nicht tot, halbseitig gelähmt ist, ist man müde. Zigarette anzünden, ins Leere starren. Morgen würde alle Welt von der 90-Millionen-Dollar-Klage wissen – der höchsten Klage in der deutschen Pressegeschichte.

Hey, es sind nicht die gefälschten Hitler-Tagebücher des Stern, sagt eine Stimme in mir, die es gut meint. Dreh nicht durch. Es ist nur Tom Cruise, Hollywood, Unterhaltungsindustrie, kriegen wir vom Tisch, wir haben auch eine Rechtsabteilung. Und zuerst glaubt man seinem Reporter.

Ich ruf ihn an.

Anrufbeantworter.

Soll zurückrufen, wichtig.

„Können wir weitermachen", fragt die Sekretärin. Wir machen die Post zu Ende.

Woran erkennt man einen Lügner? Nicht an seinen schreckverzerrten Zügen, hilflosen, vor Nervosität zwinkernden Augen. Man erkennt ihn an seinem albernen, kleinen Lächeln im Gesicht. Ein Lügner ist vorbereitet. Er lächelt alles weg.

Im Grunde hatte unsere Rechtsabteilung gegen die Beweise der Los-Angeles-Anwälte keine Chance.

Es wurde dann doch noch alles gut mit Cruise und Bunte, weil alles schrecklich wurde.

Wie soll ich diese Geschichte weitererzählen, weil es zwei Geschichten sind, die nichts miteinander zu tun haben, aber am Ende doch.

Der Tod und die Klatschgeschichte.

Der Tod.

Kurz nach neun Uhr morgens startet am

8. August 1996 der zweistrahlige Burda-Jet vom Typ Falcon-Dassault DA 10 vom Flughafen München-Erding. Beim Landeanflug auf den Flugplatz Offenburg herrscht dichter Nebel mit Sichtweiten unter 100 Metern. An Bord die beiden Piloten Alfred Kühne, 56, Marco Daxenbichler, 35, Burda-Vorstandsmitglied Gerd Bolls, 54, Verlagsleiter Rainer Hager, 44. Die Falcon prallt gegen einen nebelverhüllten Berg, alle sind tot.

Die Klatschgeschichte.

Einen Tag später ein handgeschriebenes Fax von Tom Cruise auf Hotelpapier, Côte d'Azur, France. „Mr. Wagner, ziehe Klage zurück. Bin selbst Pilot. Tiefes Mitgefühl für den Verlust Ihrer Manager. Tom Cruise."

PS: Ein Jahr später warte ich vor dem Beverly Hills Hotel, Los Angeles, auf einen Kollegen. Durch die Lobby kommt Tom Cruise mit Familie, den Kindern, Nicole Kidman, Kindermädchen. Bis seine Limousine vorfährt, stehen wir drei Minuten nebeneinander. Ich spreche ihn nicht an. Ich kann ihn nicht ansprechen. Ich kann mich nicht bei ihm bedanken. Das Schicksal am Nebelberg hat sich in die Lügenstory eines Bunte-Reporters eingemischt. Ich kann nicht sagen: Thank you, Mister Cruise.

Er steigt mit seiner Familie in die Limousine. Los Angeles hat pro Jahr durchschnittlich 333 Sonnentage. Möge die Sonne ihm immer scheinen.

Mein erster Chefredakteur war Peter Boenisch. Zwei Tage vor seinem Tod beschwerte ich mich bei ihm, weil sein Kommentar in Bild, „Danke, Kanzler", so lang geraten war, dass für meine Kolumne kein Platz mehr war und sie rausflog. In seinem Kommentar befürwortete er den Schritt von Gerhard Schröder zu Neuwahlen.

„Dann musst du einfach früher liefern, Junge. Der frühe Vogel pickt das Korn", sagte Pepe.

Pepe, wie wir ihn alle nannten, lag im Sterben, er hatte Prostata-Krebs. Sein Kopf und seine Stimme waren klar, unter der Bettdecke war der Tod mit seinen Schläuchen. Vor einem Jahr hatte sich seine junge, fröhliche, gesunde Frau bei einem Routine-Check-up in einem Münchner Krankenhaus mit Streptokokken angesteckt. Es wird ihr das rechte Bein abgenommen, das linke. Sie stirbt elendig mit 41 Jahren. Die kleinen Töchter, die sechsjährige Nanja und die vierjährige Nika haben nur noch ihn.

„Muss ich Angst um Sie haben?", fragte ich.
„Hab keine Angst, Junge", sagte er.
„Ich ruf wieder an."

„Ja, ruf an."

Seine Handynummer kann ich bis heute nicht löschen.

Am Freitag darauf, am 15. Juli 2005, einem entsetzlich heißen Tag, wurde Peter Boenisch in Gmund am Tegernsee beerdigt, 78 Jahre ist er geworden.

Wie mischt man sich in eine Trauergemeinde? Man geht zu den vielen kleinen Gruppen vor der Kirche, die über den Toten reden.

„Die armen Kinder, letztes Jahr die Mutter, jetzt der Vater."

„Eine griechische Tragödie."

„Ein großer Journalist."

„Im Stern war doch erst die anrührende Story als alleinerziehender Vater."

„Seine Schlagzeile in Bild ‚Der Mond ist ein Ami' ist unsterblich."

„Seine Kommentare gegen die Studenten in der Vietnam-Ära waren furchtbar."

„Aber er hatte recht."

„Hat er sich nicht mit Joschka Fischer versöhnt? Schrieb er nicht, dass auch er mit Worten Steine geschmissen hat."

Ein freundlicher Mensch, den ich nicht kenne, fragt mich, wie ich zu dem Verstorbenen stand. „Er hat mir meine erste Gehaltserhöhung gegeben", sage ich. Irritiert, weil das alles ist, was ich über den Toten beitrage, wendet er sich den anderen zu. Vielleicht ist es auch schwer zu verstehen, was eine Gehaltserhöhung am Grab zu suchen hat.

Es waren 150 Mark. Kein außergewöhnlicher Betrag, aber es war das erste Lob eines Vorgesetzten und hat meinem Leben einen Schubs gegeben. Im Leben jedes Menschen gibt es aufblitzende Ereignisse, meine erste Gehaltserhöhung war so ein Ereignis. Besser kann ich es nicht erklären.

In der kleinen Gmunder Pfarrkirche St. Ägidius hielt Bundeskanzler Gerhard Schröder die Trauerrede für Peter Boenisch. „Wir nehmen heute Abschied von einem Vollblutjournalisten, der die deutsche Geschichte in den vergangenen 60 Jahren miterlebt und als Chronist, Blattmacher und Kommentator mitgeprägt hat."

Man darf die heutigen Chefredakteure, die Fortysomethings, die Glücklichen, die mit Nutella aufgewachsen sind, nicht mit Peter Boenisch vergleichen.

Er war im Krieg in Berlin aufgewachsen. Sein deutscher Vater, der Ingenieur Konstantin Boenisch, war Direktor der Trianon-Wochenschau. Seine russische Mutter Eva stammte aus Odessa und war Jüdin. Die Mutter fiel unter die „Nürnberger Gesetze". Jeden Moment konnte die Gestapo sie abholen. Sein Vater wurde arbeitslos, die Nazis beschlagnahmten sein Vermögen. Mit gefälschten Papieren versteckten sie die Mutter. Es gibt den Film „Hitlerjunge Salomon", in dem sich ein jüdischer Junge als Nazi ausgibt, um zu überleben. „Zweimal mehr als nötig rief ich am Tag ‚Heil Hitler'", berichtete Boenisch. Er wurde Jungzugführer, Flakhelfer, Fallschirmjäger. Mit 17 erhielt er das Eiserne Kreuz, während seine Mutter vor jedem unbekannten Schritt im Flur aufschreckte. „Sie haben mir das Kreuz an die Uniform gesteckt, weil wir nur ein paar Überlebende waren. Sie hatten mehr Eiserne Kreuze dabei als nötig".

Als der Krieg zu Ende war, hatte Peter Boenisch nur noch Glück, es war, als würde Gott auf ihn herablächeln.

Mit 18 Student (Slawistik, Jura) und Sportreporter bei der Allgemeinen Zeitung in Berlin.

Mit 27 für seine Hilfsaktion „Kinderluftbrücke" mit dem Bundesverdienstkreuz ausgezeichnet. 10.000 Berliner Waisen- und Flüchtlingskinder konnten zu westdeutschen oder amerikanischen Gasteltern ausgeflogen werden. Boenisch war damals persönlicher Referent des NWDR-Generaldirektors Adolf Grimme.

Er erfand Bravo (1956).

Er wurde Chefredakteur von Bild (1961), steigerte die Auflage von zwei Millionen auf über vier Millionen. Axel Springer schenkt ihm ein Haus auf Sylt, sie spielen gemeinsam Golf.

Er trägt Maßanzüge.

Ist stets leicht gebräunt.

Es heißt, er lässt sich die Haare grau melieren.

Er bricht vielen Frauen das Herz.

Er lebt als Junggeselle, zwei Ehen halten nur kurz.

Die Schlagzeile „Der Mond ist ein Ami" schüttelt er aus dem Ärmel.

Als die Post im Sommer 1964 die Telefongebühren um zwei Pfennige erhöhen will, fordert Boenisch auf Seite 1 „Holt den Bundestag aus dem Urlaub". Die Abgeordneten unterbrechen für einen Tag ihren Urlaub und kippen die zwei Pfennige.

Peter Boenisch ist 37.

Über die Kommune 1, Fritz Teufel, Rainer Langhans sagt er später: „Ich hatte keinen Humor, es war ein Fehler, dass wir nicht lachten."

Seine Kommentare gegen den gewalttätigen Teil der 68er-Studentenbewegung werden so hart wie die Steine, die die Studenten schmeißen. Er nennt sie „Linksfaschisten".

Chefredakteur in den Sechzigern, Siebzigern zu sein war ein anderer Beruf als heute. Deutschland war anders. Diese plötzliche Hemmungslosigkeit auf den Straßen. Die Raserei der Jugend beim Schahbesuch 1967. Der Westberliner Polizist Karl-Heinz Kurras, 2009 nach 42 Jahren als Stasi-Spitzel enttarnt, erschießt den Studenten Benno Ohnesorg. Die Ohnmacht der Behörden. Ist diese Revolution echt oder ist sie Show? Die Jugend stellt das Land auf den Kopf. „Springer hat mitgeschossen", schallt es aus Ostberlin. Westdeutschland war kein Land mehr, durch das die Straßenbahnen friedlich zur Frühschicht schlichen.

Zehn Jahre macht Peter Boenisch Bild und Bild am Sonntag. Die Leute auf der Straße drehen sich nach ihm um, zum Teil, weil sie ihn erkennen, zum Teil, weil er unglaublich gut aussieht.

In sein Büro lässt er eine Dusche einbauen, im Inventar des Verlags taucht sie als Nasszelle auf.

Als Günter Prinz sein Nachfolger bei Bild wird, findet er in der Schublade von Boenischs Schreibtisch „mindestens 100 ungeöffnete Briefe" von Axel Springer. Das ist so, als würde ein Minister die SMS von Angela Merkel nicht beachten.

Boenisch wird Chefredakteur der Welt, er macht sie liberaler. Kohl ernennt ihn zum Regierungssprecher und Staatssekretär. Danach Mitglied des Aufsichtsrates des Axel Springer Verlages. Tritt zurück. Der Hintergrund soll sein einundfünfzigzeiliger Kommentar in der Süddeutschen Zeitung gegen die Lufthansa gewesen sein. Wegen kritischer Berichterstattung hatte die Airline die Süddeutsche aus den Gates und ihren Flugzeugen verbannt. Boenisch empörte sich über die Luftzensur. Springer empörte sich, weil Boenisch sich für die Konkurrenz einsetzte.

War es so?

Viele im Verlag sagen, es war so. Kanzler Schröder beruft Boenisch zum Vorsitzenden des „Petersburger Dialogs". Für seinen Einsatz um die deutsch-russischen Beziehungen wird Boenisch 2003 mit dem Großen Verdienstkreuz des Verdienstordens der Bundesrepublik Deutschland ausgezeichnet.

Natürlich habe ich Peter Boenisch verehrt. Verehrung ist ein Wort, das sich beim Schreiben schon blöd anfühlt. Geschätzt? Noch blöder. Es war ein Verhältnis, wie es ein fußballverrückter Junge zu Franz Beckenbauer, Günter Netzer hatte oder heute zu Schweinsteiger. Er weckte Wunschträume in mir, Hoffnungen.

In seinem letzten Lebensjahr hat Boenisch das Glück verlassen. Von Hiob sprach der Priester in der Kirche. In diesem Jahr verlor er zuerst seine Frau Julia und dann sein Leben.

Einmal sagte er mir: „Weißt du, was das Schönste auf der Welt ist? Das Schönste ist, wenn ich abends an der Haustür klingle und meine Töchter öffnen die Tür und sagen: ‚Komm rein, Papa.'"

Warum dieses Ende? Warum geschieht das? Warum haben die kleinen Kinder keine Eltern mehr?

Der Kanzler hält eine gute Rede, man hört Schluchzen in der Kirche.

Danach begibt sich die Trauergemeinde hoch zum idyllisch gelegenen Bergfriedhof, wo jeder Quadratmeter Millionen wert ist, so schön ist der Blick auf den Tegernsee und die Berge.

Alle schwitzen in ihren schwarzen Anzügen und Kostümen. Der ehemalige russische Staatschef Michail Gorbatschow und die Elite Deutschlands. Kanzler Schröder, Franz Beckenbauer, Wolfgang Schäuble, Theo Waigel, Friede Springer, Antje Vollmer, Ernst Cramer, Mathias Döpfner, Kai Diekmann, Peter Gauweiler, Josef von Ferenczy, Karl-Heinz Rummenigge, Vicky Leandros, Susanne Porsche, Gabriele

Quandt-Langenscheidt und mehr als 400 Honoratioren, Weggefährten, Freunde.

Das Fernsehen ist da mit mehreren Kameras, Berichterstatter der lokalen und nationalen Presse. Bei einer Beerdigung, sollte man meinen, sei der VIP-Status ausnahmsweise bedeutungslos, aber es gibt keinen Unterschied zwischen dem roten und schwarzen Teppich. Man posiert traurig, küsst sich traurig auf die Wange, klopft sich traurig auf die Schulter, eifersüchtig beobachtet von den Halb-VIPs.

Eine Beerdigung als Tratsch der Lebenden?

Pepe hätte es amüsiert, wie RTL, SAT1, Bunte, Faz, Gala, Süddeutsche, Bild, taz über seine Beerdigung berichten. Er war nicht zimperlich. Den einen Pepe hätte es amüsiert, aber es gab viele Pepes.

Pepe, mit dem ich versackt bin in Berliner Kneipen. Pepe, der mit zwei Zirkuskarten auftauchte, als sie mich bei der BZ als Chefredakteur feuerten. Pepe, der Gedichte schrieb. Eines hieß: „Schreiben auf Wasser". Was für eine Metapher für unseren Beruf! Leider war ich zu betrunken, um unsere Diskussion über das Gedicht hier zu dokumentieren. „Schreiben auf Wasser" ist für mich eine genauso geniale Zeile wie „Der Mond ist ein Ami".

War Boenisch ein Mann mit einer Maske? Zu 90 Prozent glaube ich es. Als Eiserner-Kreuz-Nazi überlebte Peter, der Judenjunge. Er lernte hinter der Maske zu leben.

Hab keine Angst, sagte der Maskenmann zwei Tage vor seinem Tod.

Die Maske beruhigte mich. Alles Schlimme konnte auf dieser Welt passieren, nur ihm nicht. Erleichtert nach dem Gespräch, rief ich Freunde an. „Pepe schafft es."

Kein Mensch weiß, wie seine letzte Nacht war und wie verzweifelt seine streunenden Gedanken waren, wenn die Schmerz- und Euphoriemittel nachließen.

Der Anblick eines Sargs, der in den Erdboden versinkt, ist furchtbar. Unwiederbringlich. Eine lange Warteschleife bildet sich, um eine handvoll Erde auf den Sarg zu werfen.

Sonntag, 11. Juli 2010, tagsüber zum Schreiben zu heiß, auch jetzt, nachts, bringen die geöffneten Fenster wenig. Überzeugen Sie sich bei Google, wie heiß es in Deutschland im Juli war.

Der Sahara-Wind, geschwitzte dreißig Grad, der von draußen hereinweht, trägt das Siegerhupen der Berliner Spanier herüber, die den Ku'damm rauf- und runterfahren.

Spanien ist Fußball-Weltmeister, es hat den perfekten Fußball gespielt. Deutschland ist wieder Sommermärchen-Meister, es hat den schönsten Fußball gespielt. An Millionen Autos flattert Schwarz-Rot-Gold. Obwohl nur Dritter, sind wir glücklich.

Für einen Augenblick sind meine Gedanken in der Vokuhila-Zeit, der Frisuren von Rudi Völler und Andy Brehme, vorne kurz, hinten lang. Die Jungs vor zwanzig Jahren spielten nicht ausgesprochen schön, aber wurden 1990 in Rom, im Jahr der Wiedervereinigung, Weltmeister. Doppelweltmeister sozusagen. Hat damals jemand so gejubelt wie heute?

Wie schön, dass die Deutschen nicht mehr deutsch spielen, schwärmen weltweit die Experten, sondern leicht, unideologisch, tänzerisch und freudvoll.

Nationalmannschaften, heißt es, seien Projektionsflächen für das Volk, das sich in ihnen spiegelt. Beispiel Frankreich. Die Grande Nation sieht sich gerade „im Niedergang". Wir Deutschen dagegen empfinden uns als modern, integrationsfähig und fröhlich.

Kurzerhand hatten wir während der WM Deutschland in „Schland" umgetauft.

Der historische Moment geschah, als Lena Meyer-Landrut, ein lustiges, achtzehnjähriges Mädchen aus Hannover, den Eurovision Song

Contest in Oslo gewann. „Ich liebe Deutschland", rief sie und wickelte sich in die Deutschlandfahne ein. Acht verrückt-genial betrunkene Studenten aus Münster verstanden „Schland", weil Lena „Deut" verschluckt hatte.

Es ist wohl einmalig, wie das Weglassen einer Vorsilbe die Bedeutung eines Landes für ein paar Wochen verändert. Die Studenten texteten auf Lenas Gewinnerlied „Satellite", „Schland oh Schland". Über Youtube eroberte Schland das Land.

Ein paar Schland-News:

Hunderttausende beim Public Viewing.

Kaum Polizeieinsätze auf den Fanmeilen, alle fröhlich, unideologisch. Ab und zu kollabierte jemand vor Glück, ihm wurde mit Sauerstoff und Mineralwasser geholfen.

Hooligans, Ultras – ausgewandert oder ausgestorben.

Die deutsche Fahne in Schland-Hand, nicht in Neonazi-Hand.

Im Berliner Stadtteil Neukölln lieferte sich ein arabischstämmiger Ladenbesitzer mit deutschen Linksextremisten einen erbitterten Kampf um seine überdimensionierte schwarz-rotgoldene Fahne. „Die deutsche Fahne hängt und wir werden sie verteidigen", sagte Ibrahim Bassal.

Ein paar News über „Schland"-Nationalspieler:

Deutsche Nationalspieler werfen ihre Sportsachen im Gegensatz zu früher nicht mehr auf den Boden, sondern legen sie ordentlich zusammen (Team-Manager Bierhoff).

Ein deutscher Nationalspieler, der ein Tor geschossen hat, rennt nicht mehr egoistisch zur Außenlinie, um sich alleine zu feiern. Er bedankt sich bei seiner Mannschaft (Team-Manager Bierhoff).

Spieler, die ausgewechselt werden, treten nicht mehr gegen Mineralwasserflaschen, sondern geben dem Nationaltrainer die Hand (Team-Manager Bierhoff).

Der Manager von Michael Ballack, des verletzten, alten Kapitäns der Nationalelf, bezeichnete im Spiegel die aktuelle deutsche Mannschaft als „Schwulencombo".

Wenn schön spielen, schnell spielen, kurze Pässe spielen, schwul sein soll, dann bin auch ich gerne schwul.

Jedoch, es gab das Halbfinale. Das Halbfinale gegen Spanien nach den wunderbaren Siegen gegen England (4:1) und Argentinien (4:0). Das Halbfinale gegen Spanien habe ich im La Cantina, einem italienischen Restaurant um die Ecke bei mir in Berlin miterlebt. Eltern hatten ihre Kinder mitgebracht, vier Flachbildfernseher draußen, Stimmung toll. Nur die Kinder waren nach der Niederlage verstört und weinten. Ein kleiner Junge versteckte sein Gesicht im Schoß seiner Mutter, die fröhlich weiterplauderte. Was für ein Schland-Land, in dem nur Kinder weinen, wenn die Nationalelf verliert.

Soziologen meinen, man könne die Geschichte der Bundesrepublik anhand ihrer Sportler erzählen. Dann will ich es mal versuchen. Ich war Ghostwriter der beiden erfolgreichsten deutschen Sportler, Franz Beckenbauer und Boris Becker.

1985, zwei Tage vor seinem ersten Wimbledon-Sieg hatte Bild mit Beckers Manager Ion Tiriac einen größenwahnsinnigen Vertrag abgeschlossen. Für ein Jahr Exklusivrechte würde Bild eine Million Mark zahlen, wenn Boris Wimbledon gewinnt. Exklusivrecht bedeutete, dass Boris ein Jahr auf dem Zeitungsmarkt der Bild-Zeitung gehört. Sollte er tapfer verlieren, 500.000 Mark.

Günter Prinz, der damalige Bild-Chef hatte mit Ion Tiriac verhandelt. Die beiden sind Gary-Cooper-Typen, der eine pokerte für sein Blatt, der andere für seinen Helden. Am Sonntag, 7.7.1985, war das Finale. Boris schlug Kevin Curren (USA) in 3 Stunden und 17 Minuten 6:3, 6:7, 7:6, 6:4.

Boris war siebzehn und ungesetzt, Curren war zehn Jahre älter und die Nummer acht der

Weltrangliste. Curren hatte Stefan Edberg, John McEnroe und Jimmy Conners aus dem Turnier geworfen. Curren war ein Mann, Boris ein Kind. In diesen drei Stunden und 17 Minuten wurde Boris der berühmteste Siebzehnjährige der Welt.

Am Montag um zehn Uhr morgens wartete ich vor dem Monte-Carlo-Tennisclub in Monaco auf ihn. 25 Jahre später von Boris zu erzählen, ist wie Märchen ungültig machen. Boris ist heute B/C-Prominenz, Steuerprozess, Gefängnis auf Bewährung, Sex in Besenkammer bzw. auf Hoteltreppe, peinliche VVVIP-Hochzeiten, gefloppte Geschäfte, Roter-Teppich-Junkie auf SAT1, RTL-Events.

Es tut weh, das zu schreiben.

Zum Monte-Carlo-Tennisclub kommt man entweder von der Meerseite hoch oder von den Hügeln herunter. Boris kam zu Fuß, von oben, allein. Er hatte ein kurzärmliges Stoffhemd an, kein Tennisshirt. Der Club hatte noch zu, ich saß auf der kleinen Mauer vor dem Club und guckte Boris entgegen, alles andere als entspannt. Ich war aufgeregt wie es vielleicht ein Forscher ist, der einen Vogel mit seltenem Gefieder sieht.

Sein struppiges Haar war tatsächlich rotblond. Je näher er kam, desto unwirklicher wurde er. Ich hatte ein Wunderwesen im Kopf, ein Raubtier, Siegfried, den Drachentöter, in Drachenblut gebadet, eine Naturgewalt, ein gewalttätiges Kind, das erwachsene Männer schlägt. Ich hatte Bild-Schlagzeilen im Kopf.

Ein Junge stand vor mir.

„Hallo", sagte Boris.

Er hatte ein rotes Gesicht.

Seine Augen zwinkerten.

Er sah ganz anders aus als heute. Seine Gesichtszüge haben sich in 25 Jahren derart verändert, dass der Junge von damals nicht wiederzuerkennen ist.

Er sah aus wie der beste Freund, den man in der Schule hat.

Er sah aus wie Nutella und Milch.

Er musste sich noch nicht rasieren.

Er war ein großer Junge, 1,91 m.

Er sagte, dass Ion Tiriac, der Manager gleich komme.

Er hatte zu diesem Zeitpunkt noch kein Mädchen geküsst.

Er hatte keinen Führerschein.

Er hatte Wimbledon gewonnen und keinen Führerschein.

Er hatte keinen Schulabschluss.

Zwei Tage vor dem Finale war sein Großvater gestorben. Sie haben es ihm nicht gesagt.

Als Trainer und Manager merkten, dass Boris Mädchen nachsieht, haben sie ihm Pornohefte, den Playboy, den Hustler ins Bett gelegt.

So haben sie ihn aufgeklärt.

Er war nicht aufgeklärt.

Nach seinem Sieg gab es das Abschlussdinner im Savoy Hotel, London. Martina Navratilova, die neunmalige Wimbledon-Siegerin saß neben ihm. Als das Glas auf die Queen gehoben wurde, sah er die hervortretenden blauen Armadern von Martina und er konnte nicht mehr wegsehen. Das alles war gestern Abend gewesen.

„Solche Adern hat die, wie ein Pferd", erzählte Boris, als wären die Adern von Martina Navratilova das Wichtigste auf der Welt. Es war leicht mit Boris zu reden, er redete von sich aus. Er kannte Journalisten nicht. Er war ohne Arg, ohne Misstrauen. Er wusste an diesem Morgen nicht, dass auf den deutschen Autobahnen kaum Verkehr war, als er spielte, wie an Heiligabend etwa. Er hatte die Veränderung noch nicht wahrgenommen. Er war noch der Junge vor Wimbledon. Er hatte sich noch nicht verwandelt, er war noch in dem Rhythmus, dass der nächste Tag wie der vorangegangene ist. Ich glaube, dass ich ihn als Erstes fragte, warum er Boris heiße, weil Boris ja kein üblicher deutscher Vorname sei. Seine Mutter habe ein Buch gelesen, „als ich noch in ihrem Bauch war, der Held in dem Buch hieß Boris". Ob er in der Schule wegen seines Vornamens gehänselt wurde? „Ja schon, die hießen ja alle Peter, Michael ..."

Es gibt Menschen, in die man sofort verliebt ist.

In den Redaktionen hatte es sich herumgesprochen, dass ich Boris interviewte. Eine befreundete Chefredakteurin faxte ins Hotel: „Wie riecht er? Wie fasst sich seine Haut an? Ruf mich zurück. Bitte, bitte ..."

Manchmal denke ich, dass die Deutschen in den Achtzigern auch deshalb auf Boris flogen, weil er nicht aussah wie die Hamburger-Hafenstraßen-Hausbesetzer, die Frankfurter Startbahn-West-Demonstranten, die Kreuzberger-Krawalle-Vermummten, die Wackersdorf-Gorleben-Autonomen.

Boris stammt aus Leimen, Nußlocherstraße 51. Leimen erreicht man von Heidelberg aus mit der Straßenbahn, es ist ein hübscher Vorort mit gemütlichen, geduckten Fachwerkhäusern. Wenn es Abend wird, rufen sich die Leute „Gute Nacht" zu. Sein Vater Karl Heinz war Architekt, seine Mutter Elvira Hausfrau, seine Schwester Sabine Abiturientin. Dieses Deutschland strahlte Boris aus. Bobele nannten ihn bald alle, Deutschland hatte einen Sohn.

Zwei Tage nach seinem Wimbledon-Sieg erschien Bild mit der Schlagzeile „Boris erzählt jetzt selbst: Meine Siege, meine Träume." Die Zeilen darunter lauteten: „Millionen haben den phantastischen Triumph Boris Beckers (17) in Wimbledon vor den Fernsehgeräten miterlebt. Millionen Bild-Leser erfahren von heute an, was sich hinter den Kulissen abspielte und was er im Finale gedacht und gefühlt hat – und dass Boris seinen Sieg in der Nacht vor dem Finale geträumt hat. Sie erfahren, das alles von Boris Becker selbst. Der jüngste Wimbledon-Sieger aller Zeiten erzählt ab heute in Bild (Seite 8)."

Zwei Jahre war ich Boris Beckers Ich-Erzähler. Vielleicht bin ich mitschuldig, dass Boris heute die Klatschspalten füllt, weil ich ihn zu einem Außerirdischen hochgeschrieben habe, einem Wesen, das die Sterne berührt. Kostprobe: „Ich liege am Boden, ich kann nicht mehr, ich bin am Sterben, ich weine wie ein Kind. Steh auf, schreit es in mir, steh auf. Ich steh auf und schlage drei Asse. Ich gewinne den Tie-Break, bin wieder am Leben."

Noch heute fühlt sich Boris als Außerirdischer, das macht sein Leben tragisch.

Eine Million Mark zahlte Bild für das Märchen Boris.

Es ist niemals leicht, den ersten Satz für eine Geschichte zu finden. Über den verfluchten, genialen ersten Satz hab ich an anderer Stelle schon berichtet. Den ersten Satz für eine Geschichte zu finden, die eine Million kostet, ist Folter.

Wie teuer ist ein Wort, ein Buchstabe?

Hundert zusammengeknüllte erste Sätze lagen auf dem Boden meines Hotelzimmers, Loew's Plaza, Monte Carlo.

„Ich heiße Boris, ich bin eine Junge aus einem Roman ..."

„Ich bin Boris, 17, der Junge mit dem goldenen Arm."

„Ich bin Boris, über meinem Bett habe ich ein Poster von James Dean."

Alles aus meiner Olivetti herausgerissene erste Sätze.

Was mir vorschwebte, war ein Satz wie der Sprung eines Pumas. Es ist furchtbar, diesen Satz nicht schreiben zu können. William Faulkner, Nobelpreis für Literatur, sagte einmal: „Wenn es mir beim Schreiben helfen würde, würde ich meine Grossmutter bestehlen".

Ich bestellte beim Roomservice eine Fasche Wein, zwei Flaschen Wein. Mein Hotelzimmer war ein Cafe Nirwana, zehn Espresso. In zwei Stunden musste ich liefern, Bild druckte in drei Stunden an. Und ich hatte keinen ersten Satz.

Wenn ein Puma springt, dann springt er.

Puma ... Pfoten ... Hände ...

Ich tippte in meine Olivetti-Reiseschreibmaschine ein, was mir Boris über seine Hände erzählt hatte. „Ich habe nicht die Hände eines Kindes. Du kannst mit einer Nadel in sie hineinstechen, ich spür nichts. Die Innenflächen meiner Hände sind taub, sie haben eine dicke Hornhaut. Ich spiele mit der rechten Hand, aber du kannst auch in meine linke Hand reinstechen. Während eines Matches schlage ich tausendmal mit dem Schläger gegen die Innenfläche meiner linken Hand, um die Härten der Seiten zu prüfen. Ich habe Männerhände."

Was für ein komplizierter Scheißanfang.

Weg.

Irgendwann kommt der Gott der Schreiber auf einen hernieder und sagt: Schreib einen normalen Satz.

Und ich schrieb: Das Match, wann war es zu Ende? Halb sieben oder so ... Ich sprang hoch, schrie was ...

Der Schrei des Pumas.

Ich schrieb über Boris, als wäre er Herkules, Odysseus. Ich schrieb nicht, wie mich sein seltsames Augenzwinkern irritierte und seine Schnappatmung, wie sie Fische haben, wenn sie an Land zappeln.

Jeder Mensch, der zum ersten Mal im Licht der Aufmerksamkeit steht, im Blitzlichtgewitter der Kameras, zwinkert mit den Augen. Boris zwinkerte auch, wenn wir allein waren, wie ein Heimkind, wie unter ständiger Furcht. Vor seinen Spielen war er meistens krank. Er hatte Schüttelfrost und Fieber. Fieberbläschen bildeten sich von einer Minute zur anderen auf seinen Lippen. Für einen Siebzehnjährigen war er eindeutig zu häufig erkältet.

Als Boris acht war, lachten alle über ihn, weil er ein tollpatschiger Junge war.

Im Leimener Tennisclub musste er mit den Mädchen spielen. Wenn ein Junge eine Cola wollte, dann brachte Boris ihm die Cola.

Die Jungs wollten nicht mit ihm spielen.

Er war zu dick, zu doof, er war ein Clown. Er musste mit den Mädchen spielen.

Beim Leistungstest des Tennisverbandes Baden fiel er durch.

Beim Lauftest über 30 Meter kam er als Letzter ans Ziel.

Als er vierzehn war, erkannte der neue Bundestrainer Günther Bosch die Leidenschaft und die Verzweiflung von Boris.

Boris warf sich wie ein Fußballtorwart nach Bällen.

Bosch lenkte sein Clownsein in Hass gegen das Verlieren um. Bosch trainerte Boris auf Verteidigung. Alle Schläge von Boris sind Verteidigungsschläge. Jeder Return, jeder Aufschlag ist Verteidigung. Jeder Schlag bedeutet: Lacht mich niemals mehr aus.

Der Junge litt, jede Nacht war sein Immunsystem kaputt. Aber der Junge wollte es. Nach seinem zweiten Wimbledon-Sieg sagte der achtzehnjährige Boris zu mir: „Du wirst es nicht glauben, das Gefühl zu verlieren ist schlimmer als der schönste Sieg." Boris spricht immer verdreht. Was er sagen wollte, war: Ein Sieg hebt ihn nicht so hoch, wie ihn eine Niederlage nach unten drückt, zu den Lachern.

Ich glaube, dass man nur aus weltverlorenen Räumen der Seele nach oben kommt. Kanzler Schröder mit seiner Mutter, die ihn als Putzfrau ernährte, ist ein Beispiel. Der Fußballer Beckham, dessen Mutter als Avon-Beraterin von Haustür zur Haustür ging. Boris, der verlacht wurde. Auch Franz Beckenbauer gehört dazu, aufgewachsen in einer Wohnung ohne Toilette, in Giesing, dem ärmsten Stadtteil Münchens. Die Mieter im vierten und dritten Stock mussten sich das Gemeinschaftsklo teilen. Als Toilettenpapier benutzten sie zurechtgeschnittenes Zeitungspapier. In den fünfziger Jahren hatte niemand Geld für Spielzeug. Mutter Antonia nähte aus Stoffresten einen Ball für ihren Sohn. Mit diesem Ball ging der kleine Franz in den Hof und kickte zehn Millionen Mal gegen eine Garagentür. Ein

Junge im Nachkriegsdeutschland, der nur einen Stoffresteknäuel zum Spielen hat.

Am Freitag, dem 19. Mai 1973, hatte ich Glück, weil ich Hunger hatte. Ich ging gegen 15 Uhr 30 in die Kantine. Die Hamburger Redaktion von Bild, in der ich als Nachrichtenredakteur arbeitete, befand sich im sechsten Stock. Mit dem Paternoster fuhr ich zwei Stockwerke hinunter zur Kantine. Ich bestellte ein Leberwurstbrötchen und ein Käsebrötchen zum Mitnehmen. Als ich mit dem Paternoster wieder hochfuhr, hörte ich einen Knall und dann noch einen.

Ich sah nur Rauch.

Im Rauch stöhnten Menschen.

Unsere Sekretärin blutete aus dem Kopf, unser Redaktionsbote hielt sich sein Bein. Insgesamt wurden siebzehn Kollegen verletzt. Die RAF übernahm die Verantwortung. Die Bomben waren in der Herrentoilette hinter der Nachrichtenredaktion gezündet worden. Man kann sich nicht vorstellen, wie viel Glasscherben es nach einer Explosion gibt. Auf der Suche nach dem Manuskript, an dem ich gearbeitet hatte, zerschnitt ich mir die Hände.

Ich erinnere mich daran, wie es wehtat. Der Redaktionsleiter sagte, dass ich nach Hause gehen soll.

Was sollte ich zu Hause? Duschen? Mir eine Suppe machen? Ich setzte mich in eine Kneipe am Dammtorbahnhof und stieß mit jedem auf mein Glück an.

Von den Siebzigern bleiben mir wohl immer diese Bilder im Kopf. Mit Napalm bombardierte Dörfer in Vietnam. Ein kleines, nacktes Mädchen, den Rücken verbrannt, rennt aus seinem brennenden Dorf. Ho-Chi-Minh-Demos in Berlin. Buddhistische Mönche, die sich selbst anzünden. Die fröhlichen Spiele in München, bis palästinensische Attentäter das olympische Dorf stürmen.

Und dieses zweistöckige Einfamilienhaus in Stuttgart, Ginsterweg 17.

Es ist das Haus des von der RAF entführten und ermordeten Arbeitgeberpräsidenten Hanns Martin Schleyer. Der Ginsterweg ist eine ruhige Straße, wo das Zuschlagen der Taxitür die Vögel in den Bäumen stört, dass sie auffliegen.

Als ich klingelte, wollte ich an jedem Ort der Welt sein, nur nicht hier.

Einer der vier Söhne der Witwe Waltrude Schleyer öffnete die Tür.

Die einundsechzigjährige Frau saß vor einem Panoramafenster, das einen Blick auf Stuttgart bot. Über ihrem schwarzen Pulli trug sie eine Strickjacke, obwohl es warm im Wohnzimmer war.

Ich weiß nicht, wie die Schleyers eingerichtet waren. Ich habe keine Möbel, keine Bilder in Erinnerung, vielleicht weil ich mich nicht traute, mich umzusehen oder den Blick nicht von Frau Schleyer wenden konnte, der Witwe Deutschlands, deren Mann aus Staatsräson geopfert worden war.

Achtunddreißig Jahre waren sie verheiratet gewesen.

Mit versteinertem Gesicht war Frau Schleyer beim Staatsakt für ihren Mann zwischen Kanzler Schmidt und Bundespräsident Scheel gestanden. Das war gestern gewesen. Schmidt hatte beim Staatsakt in der Stuttgarter St.-Eberhard-Kirche nicht gesprochen. Es war der Bundespräsident, der Frau Schleyer „im Namen aller Deutschen" um Verzeihung bat.

Das Wort Befangenheit drückt nicht aus, was ich im Wohnzimmer der Schleyers fühlte. Was sagen? „Mein Beileid, Frau Schleyer"? Sagt man es leise, sagt man es lieber nicht?

Hanns-Eberhard, der älteste Sohn, Rechtsanwalt, ergriff das Wort: „Unsere Familie hat beschlossen, die Entführung und Ermordung unseres Vaters aus der Sicht der Familie zu schildern. Setzen Sie sich, fragen Sie."

Ich setzte mich an den Tisch von Frau Schleyer, ihre vier Söhne setzten sich dazu.

„Wollen Sie ein Wasser?", fragte Frau Schleyer. „Rauchen sie? Sie können ruhig rauchen. Wir haben alle mit dem Rauchen wieder angefangen".

Sie zündete sich eine Marlboro an. „Auf den ersten Fotos aus seinem Gefängnis raucht mein Mann. Er hatte sich das Rauchen vor ein paar Wochen abgewöhnt. Aber jetzt rauchte er. Ich dachte: Sie geben ihm eine Zigarette. Es sind Menschen."

„Sie klammerten sich an eine Zigarette?"

„Ja", sagte Frau Schleyer.

Ich erinnere mich an ihre Hände. Sie ruhten auf dem Wohnzimmertisch, die eine Hand auf der anderen. Wenn sie die Handstellung wechselte, blieben weiße Druckflecken auf ihren Handrücken. Unter den Händen hielt sie ein zerknülltes Taschentuch.

Gestern beim Staatsakt hatte sie den Kanzler und die Mitglieder des Krisenstabs gesehen, die entschieden hatten, dass ihr Mann nicht gegen Baader, Ensslin, Raspe und acht weitere inhaftierte RAF-Mitglieder ausgetauscht wird.

„Wie haben Sie das durchgestanden?" fragte ich.

„Zuerst wollte ich nicht hin, denn mein Mann

ist an keiner Krankheit gestorben. Aber man geht dann doch aus Disziplin hin. Mein Mann wurde geehrt, mit mir hatte das nichts zu tun."

Ich weiß nicht, was für ein Mensch Frau Schleyer vor Entführung und Tod ihres Mannes war - herzlich, weich, humorvoll, optimistisch? Wenn ich sie vorher gekannt hätte, dann hätte ich beschreiben können, wie sich ihre Stimme verändert hat, der Blick ihrer Augen und ob noch etwas von der Person von früher übrig war.

Sie weinte nicht.
Seufzte nicht.
Schlug nicht die Hände über den Kopf.
Rannte im Zimmer nicht umher.
Sie rauchte viel.
Ihre Söhne gaben ihr Feuer.
Sie beantwortete meine Fragen.
Aber war nicht vertraulich.
Erzählte nichts von sich.
Nichts aus ihrem Herz.
Wie eine Gefangene in einer Zelle war sie.

Als ihr Sohn vom Staatsakt berichten wollte, sagte sie: „Bitte, Hanns-Eberhard."
Hanns-Eberhard sagte: „Mutter, das soll er schreiben."

„Vor dem Staatsakt standen wir in einem Nebenraum. In der einen Ecke waren wir, die Mutter und wir Kinder. In der anderen Ecke stand der Kanzler. Er sah nicht zu uns herüber, er kam nicht zu uns. Wir fühlten, wie er litt. Aber wir konnten auch nicht zu ihm gehen."

Drei Tage interviewte ich Frau Schleyer. Die Interviews dauerten jeweils eine oder eineinhalb Stunden. Meistens brach der älteste Sohn, Hanns-Eberhard, die Interviews ab: „Ich denke, wir sollten unsere Mutter jetzt ..."

Ich fuhr dann ins Hotel, hörte die Tonbänder ab, ordnete das Gesagte.

Als ihr Mann entführt wurde, war Frau Schleyer im ersten Stock, um ein Zimmer aufzuräumen. Gegen 18 Uhr läutete das Telefon. Ihr jüngster Sohn Jörg nahm ab. „Mama", ruft er hoch, „mit Papa ist was. Die Bild hat angerufen, eine Schießerei. Sie fragen, ob wir etwas wissen."

Wieder läutete das Telefon. Das Bonner Büro der New York Times, dann dpa, dann wieder Bild, dann eine Stuttgarter Zeitung. Jörg sagte, dass er jedes Mal den Hörer abnahm, in der Hoffnung, dass sein Vater am Apparat sei. Er rief das Büro seines Vaters an, die Polizei.

Er erfuhr nichts.

Mit jedem Anruf der Presse erfuhr er mehr.

Vier Tote.

In der Kölner Innenstadt, in der Vinzens-Satz-Straße.

Um 17 Uhr 10.

„Mama", sagte Jörg zu seiner Mutter, „Papa ist vielleicht tot."

Bis zu den Tagesschau-Nachrichten, 20 Uhr, glaubten sie, dass ihr Vater tot sei. Die Schleyer-Familie telefonierte sich zusammen.

Ein Sohn lebte in Freiburg, ein Sohn machte Urlaub in Griechenland.

„Als wir in den Nachrichten hörten, dass Papi entführt ist, waren wir glücklich. Mama und ich umarmten uns. Sie können sich das nicht vorstellen: Er ist nur entführt. Er ist nicht tot."

Jörg sah seine Mutter an. „Das darf man doch sagen?"

Frau Schleyer sagte: „Die Angehörigen der Opfer verstehen uns, ich bin sicher."

Die Familie Schleyer schöpfte mit jedem Foto aus dem RAF-Gefängnis Hoffnung. Sie guckten seine Augen an.

Seine Schultern.

Ist er verängstigt?

Kraftlos?

Ratlos?

Verzweifelt?

Mutterseelenallein?
Gottverlassen?
Gebrochen?

Dreiundvierzig Tage hofften sie.
Versuchten vernünftig zu bleiben.
Nicht durchzudrehen.
Nicht voreinander zu weinen.

Der Kanzler schickte ein Auto zum Ginsterweg, vorne Polizei, hinten Polizei. Hanns-Eberhard, der älteste Sohn, der Sprecher der Familie, wurde nach Bonn zu einem Sechs-Augen-Gespräch gebracht. Kanzler, Justizminister, Sohn. Der Kanzler sagte zum Sohn: „Ich habe Informationen, dass Ihr Vater im Falle einer Entführung nicht ausgetauscht werden will. Er soll ein Schriftstück hinterlegt haben."

Der Sohn widersprach: „Ich kann Ihnen das nicht bestätigen und bestreite es."

Der Kanzler fragte, wie er den Satz seines Vaters im ersten Brief nach der Entführung interpretiere. Schleyer hatte geschrieben: „Dies ist nicht meine Entscheidung ..."

Der Sohn antwortete. „Dieser Satz beinhaltet nicht, dass er mit seinem Tod einverstanden ist."

Der Kanzler sei mitfühlend gewesen, berichtete Hanns-Eberhard. Es sei noch nichts entschieden, sagte er zum Abschied. „Richten Sie ihrer Mutter meine guten Wünsche aus."

Einige Tage später gab ein Taxifahrer einen Brief in der Rechtsanwaltskanzlei Havera und Mailänder, Stuttgart 1, Danneckerstraße 33, ab. Der junge Rechtsanwalt Hanns-Eberhard Schleyer arbeitete dort. In dem Brief war eine handschriftliche Prozessvollmacht seines Vaters. Der Entführte beauftragte aus dem „Volksgefängnis" seinen Sohn, seine Rechte als deutscher Staatsbürger gegenüber der Bundesregierung wahrzunehmen.

Wenn ein neuer Tag anbrach, hatten die Schleyers in ihrem Ausnahmezustand euphorische Momente.
Es hatte natürlich auch mit dem Licht zu tun, weil Licht lebt. Die Sonne kommt über das Gartentor, den Hibiskus, die Bougainvilleas ins Fenster herein. Man glaubt an das Leben.
Jörg, der jüngste Sohn, erzählte, dass sie am Frühstückstisch auch lachten, wenn sie sich Fragen ausdachten, die beweisen sollten, dass ihr Vater noch lebt. Es mussten Fragen sein, die nur der Entführte weiß und die Ant-

worten sich die Entführer nicht aus Archiven und Zeitungsartikeln beschaffen konnten.

Fragen nach Lieblingsliedern, Lieblingsschauspielern, Lieblingsfußballern wurden verworfen. „La Paloma" von Hans Albers liebt jeder und Maria Schell und Franz Beckenbauer auch. Es war ein Leben-Todes-Quiz.

Was kann nur er wissen?

Und kein anderer Mensch.

Die Schleyers fragten, was Sohn Hanns-Eberhard mit acht werden wollte.

„Papst", antworteten die Entführer einen Tag später.

Bingo.

Ihr Vater lebte.

Die Schleyers umarmten sich. Ein Priester hatte zum achtjährigen Hanns-Eberhard bei der Kommunionsfeier gesagt, dass er das Zeug zum Papst hätte, weil er sich in der Bibel so gut auskannte. Hanns-Eberhards Berufswunsch mit acht war Papst.

„Guten Tag", sagten die Terroristen, wenn sie anriefen. „Hier spricht das Kommando Siegfried Hausner."

Es war, als würde ein Herr Müller oder Herr Meier anrufen. Es waren höfliche Stimmen. Sie sagten: „Bitte, möchten Sie diese Mitteilung entgegennehmen."

Wenn Frau Schleyer weinte, sagten sie nach einer Pause: „Dürfen wir jetzt fortfahren?" Wenn sie eine Mitteilung diktierten, sagten sie: „Zitatanfang", „Zitatende". „Es war wie in einem Seminar in der Uni", berichtete Frau Schleyer, die Medizin studiert hatte. Am Ende des Gesprächs sagten die Terroristen. „Wir dürfen uns bedanken." Es waren Mörder mit Manieren. „Bitte", sagte Frau Schleyer hilflos, „nichts zu danken."

Die Söhne boten sich zum Austausch an – zwei, drei für ihren Vater. Die Terroristen sagten, dass dies kein hilfreicher Vorschlag sei.

Die Schleyers boten Lösegeld.

36 Millionen Mark.

Die Terroristen sagten, dass sie sich diesbezüglich wieder melden. Die Schleyers schöpften Hoffnung wie Kranke, die sich am Gesicht des Chefarztes Anzeichen von Genesung erhoffen.

Es ist lange her. Dreiunddreißig Jahre sind die Kassetten alt, die ich in dem noch älteren, ein Kilo schweren Kassettenrecorder von Grundig abhöre. Man muss sich auch technisch erinnern. Batterien einlegen, Plus-Minus-Pole beachten. Wo Play, Rückspulen, Vorspulen? Heute haben Reporter digitale Aufnahmegeräte, kleiner als ein Handy. Die alte Angst vor Bändersalat. Die Stimmen auf den braunen Bändern sind unversehrt. Ich dachte, sie würden ausbleichen wie alte Manuskripte, undeutlich werden, vernuscheln. Aber die Stimmen sind unversehrt.

Hanns-Eberhard sagt: „Ich beschaffte die 36 Millionen, ich hatte mit den Terroristen als Übergabeort das Frankfurter ‚Intercontinental' ausgemacht. Als ich dort eintraf, war überall Polizei und Presse. Unsere Gespräche waren abgehört worden, eine Kontaktaufnahme war unmöglich. Bonn, das BKA (Bundeskriminalamt) hat den Deal nicht zugelassen."

„Hatten Sie 36 Millionen in Koffern bei sich?"

Auf diese Frage antwortete er nicht.

Am 13. Oktober wird die „Landshut" von einem palästinensischen Terrorkommando entführt, an Bord befinden sich 82 Mallorca-Urlauber. Die Entführer sind zwei Männer und zwei Frauen. Sie nennen sich „Kommando Martyr Hamileh". In Kosmetikkoffern und einem Radio haben sie zwei Pistolen, vier Handgranaten und 500 Gramm Plastiksprengstoff an Bord gebracht. Sie fordern die Freilassung der inhaftierten RAF-Terroristen.

Am 15. Oktober verklagt Hanns-Eberhard beim Bundesverfassungsgericht in Karlsruhe die Bundesrepublik Deutschland. Per einstweiliger Verfügung will er erzwingen, dass sein Vater ein Recht auf Leben hat und die Bundesregierung ihn austauschen muss. Der erste Senat verwirft seine Klage nach mehrstündiger Beratung.

Am 18. Oktober befreit die GSG 9 die in Mogadischu gelandete „Landshut", drei der Entführer werden getötet, alle Geiseln sind unverletzt.

Die RAF-Häftlinge Baader, Ensslin, Raspe bringen sich in derselben Nacht in ihren Zellen um.

Die Nachricht vom Tod ihres Vaters erfahren die Schleyers einen Tag später aus dem Fernsehen. Um 21 Uhr 17 unterbricht die ARD ihr Programm. Es läuft der Chaplin-Film „Rampenlicht". Ernste Musik wird gespielt, das Gesicht der Tagesschausprecherin Dagmar Berghoff erscheint. Sie sagt: „Hanns Martin Schleyer ist tot." Weil die Schleyers die Nachricht nicht glauben wollen, ruft Hanns-Eberhard dpa an. Dpa bestätigt die Nachricht.

Das Bekennerschreiben der RAF hatte die Polizei zur Leiche Hanns Martin Schleyers geführt.

„Wir haben nach 43 Tagen Hanns Martin Schleyers klägliche und korrupte Existenz beendet. Herr Schmidt, der in seinem Machtkalkül von Anfang an mit Schleyers Tod spekulierte, kann ihn in der Rue Charles Peguy in Mulhouse in einem grünen Audi 100 mit Bad Homburger Kennzeichen abholen. Für unseren Schmerz und unsere Wut über das Massaker in Mogadischu und Stammheim ist sein Tod bedeutungslos."

Er lag im Kofferraum des Audi, mit drei Kugeln in den Hinterkopf hingerichtet. Um 23 Uhr ruft Justizminister Vogel bei den Schleyers an. Er teilt Hanns-Eberhard mit, dass „der Tod Ihres Vaters leider nunmehr amtlich feststeht". Die Familie lehnt die Identifizierung des Toten ab. „Wir wollen ihn so in Erinnerung behalten, wie er war."

Was mir heute auffällt, ist, dass der Mensch Hanns Martin Schleyer auf den Bändern kaum vorkommt. Er kommt nur als der Gefangene vor. Im ersten RAF-Video spricht er aus einem mit Schaumgummi schallgedämpften Wandschrank, er ist derangiert, das Hemd ist offen, er ist unrasiert, sein Haar unordentlich. Die RAF inszeniert ihn ohne Jackett, Schlips, erniedrigt ihn und den Staat, dessen Repräsentant er als Arbeitgeberpräsident und Wirtschaftsführer ist. Sein Erscheinungsbild ist „Hilfe, Hilfe!"

Bei Feiern trank er Whisky bis in den Morgen. Sollte ich das schreiben? Er trat 1931 in die Hitlerjugend ein, 1933 in die SS. Sein Lieblingslied war „La Paloma". Er sang die Strophen auswendig.

„Und nur ihr kann er treu sein,
wenn der Sturmwind sein Lied singt.
Dann winkt mir der großen Freiheit Glück.
La Paloma, ade.
Auf Matrosen, ohe."

Er wurde nach dem Krieg entnazifiziert. Er baute Deutschland mit auf, er war SS-Obersturmbannführer, duzte sich mit Kohl, Strauss, Beckenbauer, Gewerkschaftsbossen, Ministern.

Über all das sprach ich mit seiner Familie nicht.

Weil ich mich nicht traute. Weil das Haus eines Toten wie ein Briefkasten ist, der nicht geleert wird. Stumme Fragen sind keine gestellten Fragen.

Ich fragte nicht: Wenn er ein anderes Leben gelebt hätte? Nicht als SS-Offizier, nicht als Wirtschaftsführer? Wenn er ein kleiner Anwalt geworden wäre in Offenburg, wo er geboren wurde, oder in Rastatt, wo er das Abitur gemacht hatte? Tennis und Golf hätte er bis an sein Lebensende spielen können.

Ich traute mich nicht zu fragen. Wenn der Tod eine Tür geschlossen hat, dann lacht man, weint man, fragt man anders.

Ich habe die Schleyers nie wieder gesehen, nicht persönlich. Als Generalsekretär des deutschen Handwerks sehe ich Hanns-Eberhard Schleyer manchmal in Talkshows. Er ist ein ruhiger, unaufgeregter Typ.

Einen Reporter zu definieren ist nicht leicht. Nach der Story geht er Bier trinken. In einer Kneipe sitzen, rauchen, den ersten Satz noch einmal umformulieren, ein zweites Bier. Zu 60 Prozent besteht ein Reporter aus Neugier, mit dem Rest ist er unzufrieden. Wenn eine Story zu Ende ist, dann ist er es auch irgendwie. Ohne Story ist ein Reporter nicht viel, wie ein Vampir tagsüber. Meist ist sein Privatleben eine Katastrophe. Der klassische Reporter lebt getrennt oder ist geschieden, er hat ein Kind und wohnt in einem modernen Apartmenthaus, seine Nachbarn kennt er nicht. Ein Gerichtsvollzieher hätte keine Freude an ihm. Bett, Stuhl, Tisch, Kleiderstange statt Schrank, Computer. Der klassische Reporter findet sich überall zurecht, nur nicht in seinem eigenen Leben.

Noch ein Bier, sagt er in der Kneipe.

Und irgendwann: Du bist schön wie eine Blume, weißt du das?

Ich bin Kellnerin, sagt sie.

Tut mir leid, sagt er.

Schon gut, sagt die Kellnerin.

Sie hat eine weiße Bluse an.

Er guckt drei Biere lang auf ihre Bluse.

Das Problem des Reporters ist, dass er von sich enttäuscht ist. Ja, er schreibt und lebt davon. Der und der hat dies getan, der und der starb. Er würde gern mehr sein als ein Aufschreiber. Ein Handelnder, aber er ist kein Handelnder. Er betritt die Bühne erst nach der Vorstellung. Er kann nichts mehr ändern, er sitzt im Parkett. Wie ein Unfallarzt fühlt er sich, der nur noch den Tod feststellt. Nutzlos.

Im Falle des Reporters in der Kneipe kommt erschwerend hinzu, dass er gerade Fallada liest.

Keine Ahnung, wie Bücher einen finden. Jack Kerouacs „On the Road" hat mir mit siebzehn ein Freund geliehen. Ich habe ihm „On the

Road" abgekauft, weil ich es nicht mehr hergeben wollte. Zu Fallada kam ich als Erwachsener während der Schleyer-Entführung. In einem Bücherantiquariat lagen nebeneinander „Bauern, Bonzen, Bomben", „Wolf unter Wölfen", „Kleiner Mann - was nun?", „Jeder stirbt für sich allein", „Wer einmal aus dem Blechnapf frisst". Dreizehn Mark.

Ich wusste nicht, was ich da kaufte. Die Titel kannte ich, weil sie zum Sprachschatz gehören. Aber ich hatte nichts von Fallada gelesen. Falladas richtiger Name ist Rudolf Ditzen, er war Reporter des „General-Anzeigers" von Neumünster. Ditzen, 1893 geboren, nannte sich Fallada nach dem Pferd in Grimms Märchen, das sprechen konnte und nur die Wahrheit sagt.

Im Märchen bricht die Königstochter mit ihrem treuen Pferd Fallada und ihrer bösen Kammerjungfer auf, um den Königssohn zu heiraten. Unterwegs bittet die Kammerzofe die Königstochter, die Kleider zu tauschen, weil sie auch einmal so schön sein will wie sie. Gutmütig zieht die Königstochter das Kleid der Kammerzofe an. Da kommt schon der Königssohn angeritten und heiratet die Falsche mit dem schönen Kleid. Weil die falsche Königin befürchtet, Fallada, das sprechende Pferd, könne sie verraten, lässt sie ihm den Kopf abschlagen. Falladas Kopf wird vom Schinder an das Schlosstor genagelt, durch das die richtige Königstochter als Gänsemagd jeden Tag die Gänse treibt. Wenn sie an Falladas Kopf vorbeikommt, seufzt sie: „O du Fallada, du da hangest".

Der Pferdekopf, der nur die Wahrheit sagt, antwortet: „O du Jungfer Königin, du da gangest, wenn das deine Mutter wüsste, ihr Herz thät ihr zerspringen."

So kam die Wahrheit heraus, die Gänsemagd wurde Königin und die böse Kammerjungfer von zwei weißen Pferden zu Tode geschleift.

Was für ein Pseudonym.

Pro Schreibnacht rauchte Fallada 200 selbst gedrehte Zigaretten. Fallada litt mit den Menschen, über die er schrieb. Als Mitfühlender war er Mithandelnder. Er schrieb über den Überlebenskampf der kleinen Leute in den zwanziger, dreißiger Jahren. Nach seinen Storys und Büchern musste er sich in Entzugskliniken begeben, er war ausgelaugt, alkoholabhängig, rauschgiftsüchtig. Er schrieb sich die Seele wund, wie manche sich die Füße wundlaufen.

Was für ein besseres, sinnvolles Schreiben.

Der Reporter, der gerade aus der Kneipe torkelt, ist deprimiert. Wahrscheinlich regnet es auch noch und das Taxi kommt nicht. Durchnässt schließt er die Tür seines Apartments auf. Er fällt auf sein Bett. Er kann doch jetzt nicht um halb vier das Liebste, was er hat, seine siebenjährige Tochter, anrufen. Der Reporter hält nicht viel von sich. Er müsste als Obdachloser unter Obdachlosen leben, einen Hund haben, mit ihm in einer Unterführung leben, seinen Körper tätowieren lassen und als Tippelbruder berichten. Er müsste sein Leben ändern. Er gehörte doch der Generation der Idealisten an, Che Guevara, John Lennon.

Es kommt oft vor, dass der Reporter in seinen Klamotten einschläft. Er war in Vietnam gewesen. Er war stolz, dass er nach Vietnam geschickt worden war. Nur die Coolsten schickte man nach Vietnam. Die Coolsten? Er war 27. Im Hotel Rex in Saigon, später im Hotel Continental hatte er eingecheckt. Geckos liefen die Wände hoch. Die Amerikaner nahmen ihn und die anderen Reporter in ihren Helikoptern mit und landeten in einem Dorf, das sie eingenommen hatten. „So ist der Vietcong", sagten sie und zeigten auf den Kopf, der aus der Erde ragte. Es war der Kopf des Dorfältesten, den der Vietcong verdächtigt hatte, den Amerikanern Informationen gegeben zu haben. Im Dorf war kein Mensch, alle waren geflohen. Normalerweise beerdigt man einen Toten sofort. Die Amerikaner aber wollten Pressefotos von der Grausamkeit des Vietcong. Mehrere Tage schon ragte der Kopf aus der Erde. Fuck Vietcong. Fuck, Fuck Ho Chi Minh. Niemals hat der Reporter so viele Fliegen gesehen, wie sie schnuppern, auffliegen, zurückfliegen.

An den Blumenmarkt von Saigon erinnert er sich, an Millionen Wunderblumen, wie im Paradies. Alle kauften Blumen. Und die Frauen und Mädchen eilten auf ihren Mopeds oder Fahrrädern mit ihren Blumen, wie ein Schwarm Glücklicher, davon. In ihren schwarz glänzenden Hosen und den weißen flatternden Hemden, mitten im Krieg. Hat er das beschrieben – den Tod und die Blumen? Er war 27 und cool, er hat geschrieben, dass er AFN – American Forces Network – im Dschungel hören kann. Die Top Ten in den Charts.

Bob Dylan.

Zappa.

Rolling Stones.

Pink Floyd.

Er hat geschrieben, dass in Saigon kein Mangel an Mädchen herrsche. Saigon, mon amour. Zwanzigjährige Kriegswitwen, auf der

Terrasse des Continental, die alles machten, egal wie oft, egal mit wem, weil sie keine Witwenrente hatten, aber Babys.

Wenn der Reporter sehr betrunken ist, dann erzählt er Kellnerinnen von Vietnam. Wenn der Reporter in seinen Klamotten einschläft, dann ist meist ein Teil von ihm wach, eine der Personen in ihm. Je älter der Reporter wird, desto mehr braucht er als Einschlafhilfe den Fernseher als verlässliches Geräusch.

Wie das Atmen eines Menschen neben ihm.

Wie Husten, Seufzen, Schnarchen.

Wie nächtlicher Zugverkehr.

Wie die 24 Stunden summende Autobahn.

Wenn der Reporter aufwacht, fühlt sich seine Zunge an, als hätte sie Aschenbecher ausgeleckt. Nachdem er ordentlich geduscht und seine Zähne geputzt hat, begibt er sich in die Redaktion und fragt, was es Neues gibt. Er fliegt zum „Thriller in Manila", wo Muhammad Ali gegen Joe Frazier boxt. Er verbringt zwei Wochen in Poona, Indien, im Ashram des Bhagwan. Er nimmt an einer Traumversagenstherapie teil und interviewt deutsche Sinnsucher, die über Gemeinschaftssex reden als wäre es eine Musikwissenschaft oder ein Rezept für Apfelstrudel. Er interviewt Loki Schmidt in der Einsamkeit des Kanzlerbungalows, 1981 in Bonn.

Sie war die Grundschullehrerin seines Freundes Axel Springer junior gewesen und sie beweinte ihren kleinen, anhänglichen Schüler Axel, der sich 1980 in einer Winternacht umgebracht hat.

„Mein Axel, mein Axel", klagte sie.

Der Reporter gehört inzwischen keiner Redaktion mehr an, er hat einen Agenten, die Redaktionen buchen ihn über den Agenten. Der Agent rät ihm, nicht so schnell zu schreiben, weil die Redaktionen für einen, der sich quält und quält mehr und lieber bezahlen. Der Agent war der legendäre Ferenczy, ein Ungar, ein wunderbarer Mensch. „Jungääh, Sie müssen schreiben wie Bergwerkarbeiter. Handumdrehenschreiben nichts wert."

Aber es gelang dem Reporter damals beinahe alles im „Handumdrehen". Er schrieb ohne Mühe. „Das Ding", seinen ersten Roman, schrieb er in einem halben Jahr. Da er keinen Tisch besaß, stellte er die Schreibmaschine auf den Heizkörper des Apartments. Er schrieb im Schneidersitz. „Das Ding" wurde ein Bestseller und verfilmt. Der Reporter kaufte sich einen Porsche 911.

Einen Porsche.

Es war, als wäre er ein besserer Mensch.

Er fuhr mit dem Porsche zu seinen Eltern.

In die kleine Kasselerstraße.

Er war so stolz.

Die Nachbarn sollten schauen.

Auf das Wunderkind im Porsche. Sie sollten hinter ihren Vorhängen auf den Porsche schauen.

Auf den Schulabbrecher im Porsche.

Vielleicht würde sein Vater, der einen Opel Rekord fuhr, sich hinter das Steuer setzen wollen?

Der Porsche war ein Reinfall. Seine Eltern sagten, dass er ihn nicht vor ihrer Tür parken solle. Sie schämten sich. Als er den Porsche weggeparkt hatte, kam das nächste Problem. Er hatte noch nie vor seinen Eltern geraucht.

Sollte er?

Er traute sich nicht.

All dies ist wach in ihm, auch wenn er schläft, während der Fernseher läuft und es heller im Zimmer wird. Jedesmal sagt er sich, dass er Vorhänge für die zwei Fenster braucht. Wie viele Stunden hat er geschlafen? Vier? Irgendwo hat er gelesen, dass das Weltall nach einer frischen Schweißnaht riecht. Der Astronaut Don Pettit auf der Internationalen Raumstation hat das Weltall an den Raumanzügen seiner Kollegen gerochen, wenn sie von einem Außeneinsatz zurückkehrten. Das Wunderbare ist, wenn sich im Traum der Geruch des Weltalls mit dem Duft seiner mit Nivea-Milch abgeschminkten Mutter mischt.

Es war schön bei den Eltern zu sein.

Bei seinem besorgten Vater. „Habt ihr Journalisten eine Altersversorgung?"

Die Mama: „Ich mach dir dein Bett." Sie muss kein Licht machen, wie ein Blinder finde ich mein Bett. Die knarrende Treppe hoch.

„Schlaf gut", sagt meine nach Nivea riechende Mutter und streichelt meine Wange.

Meine alte Mutter.

Meine junge Mutter auf der Flucht.

Mein Schutzengel.

Meine tapfere Mutter.

Meine Mutter in einem Sommerkleid.

Meine lachende Mutter, die im Garten vor dem Kofferradio tanzt.

In meinem Kinderzimmer ist alles wie früher. Die Eltern haben nichts verändert. Im Schrank hängen die Anziehsachen eines Siebzehnjährigen, meine Sachen. Fürchterliche Hawaiihemden, wie sie Elvis Presley trug, eine Jacke, wie sie James Dean anhatte, mit Reißverschluss.

Der 7. September 1987 muss ein glücklicher Tag im Leben von Erich Honecker gewesen sein. Als der Interflug-Jet IL-62M um 9 Uhr 30 auf dem Flughafen Bonn-Wahn aufsetzte und die

Bordtür sich öffnete, sah er als Erstes die beiden Nationalflaggen nebeneinander wehen, die Flagge des Gastlandes und die Flagge seines Landes mit Hammer und Zirkel.

In einem Miet-Mercedes 600 wurde der Staatsgast abgeholt, abweichend vom Protokoll jedoch nur von neun Polizisten auf Motorrädern eskortiert, statt der üblichen vierzehn bei hohen Staatsbesuchen. Um 10 Uhr 30 traf der Vorsitzende des Staatsrates der Deutschen Demokratischen Republik vor dem Kanzleramt in Bonn ein. Helmut Kohl begrüßte den Gast mit Handschlag. Fremdländisch standen die beiden deutschen Regierungschefs auf dem roten Teppich und hörten die Nationalhymnen ihrer Länder. „Auferstanden aus Ruinen", „Einigkeit und Recht und Freiheit". Anschließend schritten sie unter den Klängen des preußischen Defiliermarsches das Spalier des Bonner Wachbataillons ab, hielten kurz inne, um sich vor der Truppenfahne zu verneigen, schritten dann weiter.

Für die Dauer des fünftägigen „Arbeitsbesuchs" in der BRD hatte Honecker den Schießbefehl entlang der innerdeutschen Grenze ausgesetzt, um den Besuch nicht zu belasten, was leider die 16 Millionen DDR-Bürger nicht wussten. Nach dem Kanzler begrüßte Bundespräsident Richard von Weizsäcker den Staatsratsvorsitzenden als „Deutscher unter Deutschen" in seinem Amtssitz. Am Abend fand die große „Staatsgala" zu Ehren des Gastes statt, bei der sich die wirtschaftliche, politische und kulturelle Elite Westdeutschlands in der Godesberger Redoute einfand, manche im Smoking, Kohl und Honecker in gedeckten Straßenanzügen. Die Tischreden vor dem Hauptgang, darauf hatte Kanzler Kohl bestanden, wurden live im Fernsehen in beiden Teilen Deutschlands übertragen.

Kohl sagte: „Wir achten die bestehenden Grenzen, doch die Teilung wollen wir überwinden. Die deutsche Frage bleibt offen, ihre Lösung steht derzeit nicht auf der Tagesordnung der Weltgeschichte ... aber die Menschen in Deutschland leiden unter der Trennung. Sie leiden an einer Mauer, die ihnen buchstäblich im Wege steht und die sie abstößt. Die Waffen an der Grenze müssen schweigen." Honecker hörte die Anklagen mit „versteinerter Miene" (FAZ).

Der zwei Kopf kleinere Honecker erhob sich mit ältlicher Behutsamkeit und antwortete Kohl: „Die Entwicklung unserer Beziehungen ist von den Realitäten dieser Welt gekennzeichnet und sie bedeuten, dass Sozialismus und Kapitalismus sich ebenso wenig vereinigen lassen wie Feuer und Wasser."

Wie üblich bei Staatsbanketts hob man das Glas.

Der 7. September 1987 muss ein glücklicher Tag für Erich Honecker gewesen sein.

Zum ersten Mal wehte die Hammer-und-Zirkel-Flagge im Land des Klassenfeindes.

Zum ersten Mal ertönte „Auferstanden aus Ruinen" im Land des Klassenfeindes.

Zum ersten Mal standen zwei deutsche Regierungschefs gleichberechtigt auf dem roten Teppich.

Was ich damals dachte? Ich dachte, das war's.

Normalerweise ist Geschichte unsichtbar, es sei denn, Nero, Hitler, Stalin betreten die Weltbühne. Geschichte ist, was man nach hundert Jahren in Geschichtsbüchern liest. Geschichte bemerkt man nicht. An diesem 7. September 1987 glaubte ich, Geschichte zu sehen.

Trennung für immer.

Zwei deutsche Staaten.

Was sollte das protokollarische Gepränge anderes bedeuten als Anerkennung?

Die Redaktion ruft an. Der Chefredakteur: „Guckst du Honecker", fragt er. „Ja, den ganzen Tag ZDF, ARD."

„Wir haben eine Idee", sagt er, „du fährst in die DDR, machst den Gegenbesuch. Honecker bei uns, Bild in der DDR."

Östlicher als bis zum Alexanderplatz war ich in Deutschland nie gekommen. Wenn ich in Westberlin war, bin ich ab und zu rüber und habe mein Zwangsumtauschgeld, 25 D-Mark West, in Prenzlauer-Berg-Kneipen ausgegeben. Ende der Siebziger war ich das letzte Mal in Ostberlin. Man fuhr rüber wie ein Tourist, der die Rückseite des Mondes im Reiseprogramm hat. Die steinerne Dunkelheit, der Gestank der Trabi-Zweitakter, das Sklavenland, der John-le-Carré-Schauder.

Wie damals reiste ich als Tagestourist ein. Als Beruf gab ich nicht Reporter an. Berufe, die auch hinter dem Mond Vertrauen erwecken, sind Friseur, Gärtner, Schneider, Tischler, Krankenpfleger, Optiker. Oder RAF-Terrorist. Einige durften sich jahrelang im Schutz der Stasi in der DDR verstecken.

Auf den ersten Blick weiß jeder, dass man von drüben ist. Sie sehen es an den Jeans, den Schuhen, der Burberryjacke. Ihre Jeans hängen am Hintern herunter wie Säcke. Ich hatte niemanden in Ostberlin, keine Verwandten, Freunde, obwohl sie alle meine Brüder und

Schwestern waren. Ich bin mit diesem Verwandtschaftsverhältnis aufgewachsen wie mit Kaba, dem Plantagentrank.

Als Erstes denkt man: Wie lange halten ihre Lungen diese Luft aus? Ich würde wahnsinnig werden und ersticken.

Nina aus Ostberlin, heute eine erfolgreiche Malerin, erzählt, dass sie als Kind tagelang am Packpapier des Päckchens ihrer Tante aus Hannover geschnüffelt hat. „Das Packpapier roch nach euch."

Ostberlin 1987 kann man sich heute 2010 nicht mehr vorstellen. Die klaustrophobische Stadt ist unvorstellbar. Am ehesten kann man die Stadt mit einem Freilandgehege vergleichen.

Es gab Kino, „Kessel Buntes", Fußball. Sie durften rauchen, sich verlieben, heiraten. Wenn sie das Gehege übertraten, waren sie entweder frei, tot oder im Gefängnis.

Wenn einer die Wahrheit schrieb wie der Schriftsteller Erich Loest, bekam er siebeneinhalb Jahre Zuchthaus. Siebeneinhalb Jahre saß Loest in Bautzen.

Wäre ich für die Wahrheit ins Gefängnis gegangen?

Oder hätte den Mund gehalten?

Mich nur um die Dinge des täglichen Bedarfs gekümmert.

Und sonst Tür zu.

Einmal im Jahr zur 1.-Mai-Parade.

Wählen gehen?

Über 95 Prozent wählten SED.

Jede Stimmenthaltung wurde registriert, hatte Folgen. Der Abschnittsbevollmächtigte stand vor der Tür, fragte, ob man krank war, fragte die Kinder, was die Eltern daheim redeten.

Stimmenthaltung machte verdächtig, hieß dagegen zu sein. Die USA haben eine Wahlbeteiligung von 50 Prozent, die DDR hatte 95 Prozent.

Es gab zwei Gerüche in der Stadt. Den Trabigestank und den Geruch der Furcht, auch der eigenen Furcht. Man projiziert ja doch alles auf sich.

Was, wenn meine Mutter in den Osten geflohen wäre und nicht 400 Kilometer weiter in den Westen?

Wenn ich hier aufgewachsen wäre?

Was wäre aus mir geworden?

Ein Stummer, ein Mitwähler, ein Fallada, ein Loest, ein Biermann, ein Feigling, ein Lügner als Redakteur bei „Neues Deutschland" oder der „Aktuellen Kamera"?

Vor der russischen Botschaft Unter den Linden bleibt einem das Herz stehen. Plötzlich das andere Imperium, wie aus einem Science-Fiction-Film. Ein Gebäude so groß wie ein Flugzeugträger. Das Gebäude brüllt einen an: Ich bin die Macht, ich bin die Macht.

An unbeholfene Gesprächsversuche erinnere ich mich. Früher Abend, Prenzlauer Berg, eine Kneipe. Gelächter, Klappern von Geschirr und Gläsern. Setze mich dazu.

Zigarette?

Darf ich einen ausgeben?

Bin Wolf–Biermann-Fan ...

Nina Hagens Lied „Du hast den Farbfilm vergessen" find ich klasse.

Sie sehen gar nicht auf. Vielleicht weil ein Stasimann irgendwo sitzt, denke ich. Weil es verdächtig macht, vor anderen mit einem Westler zu reden.

Die Wahrheit war, dass ihnen meine Mitfühlaugen, Einschleimaugen, Anstarraugen auf die Nerven gingen.

„Uns darfst du einen ausgeben", sagte Nina, die heute eine berühmte Malerin ist. Sie setzte sich mit ihrem Freund zu mir. Sie war damals 21.

Sie bestellte eine Flasche „Rosenthaler Kadarka". Das ist ein bulgarischer Rotwein, den ich nicht weiterempfehlen kann. Nina rauchte „Juwel 72", bis die Glut ihre Lippen erreichte.

Sie probierte meine Gitanes und hustete. „Das ist ja noch eine größere Scheiße."

Nach dem zweiten Glas kam die Kellnerin. „Wenn Sie mit dem Auto da sind, muss ich sie bitten, jetzt nicht mehr zu trinken. Ich mach mich strafbar."

Die Kneipe hieß Storkower Eck. So was vergisst man nicht. In keinem Land der Erde hat mir eine Kellnerin gesagt, dass sie sich strafbar macht, wenn ich betrunken Auto fahre.

Noch zehn Minuten. Ab elf sieht man ständig auf die Uhr. Vor Mitternacht muss man mit seinem Tagesvisum die Hauptstadt der DDR verlassen.

Ob ich Rio Reiser mag, fragt Nina.

Gibt's den noch? „Ton, Steine, Scherben" sind doch tot.

Bei euch, sagt Nina, bei uns nicht. Kauf dir das Lied „Der Traum ist aus".

Ich muss los.

Die Stadt ist dunkel, die Spree ist dunkel. Scheinwerfer tasten die Ufer ab. Mit Nachtfeldstechern können die Grenzsoldaten jede Bewegung auf dem Fluss vergrößern. Der Grenzübergang Bornholmer Straße ist grell erleuchtet. Es staut sich, weil alle Westler gleichzeitig rausmüssen.

Jedes Auto wird kontrolliert.

Es gibt Autos, die haben einen Tank, der nur für zwei Kilometer reicht, weil ein Republikflüchtling Platz braucht.

Es gibt Autos, die von Hunden beschnüffelt werden.

Es gibt Autos, die plötzlich von zehn, fünfzehn Soldaten umstellt werden und auf eine spezielle Rampe müssen.

Als Fußgänger wartet man in einem Häuschenkomplex, ein langer Gang, eine Tür öffnet sich.

Eintreten.

Der abschätzige Blick.

Das Studieren der Papiere.

Ein zweiter, dich jetzt fixierender Blick.

Mit den Papieren geht der Grenzpolizist in ein anderes Zimmer.

Es dauert ...

Bäcker habe ich als Beruf angegeben.

Und nicht Reporter.

Man beginnt zu schwitzen.

Der Grenzpolizist erscheint, gibt mir meinen Pass. Ein Summton, die Tür öffnet sich.

Auf der Westseite der Bornholmer Straße stehen Mercedestaxen.

Am nächsten Morgen mit neuem Tagesvisum im Mietwagen nach Weimar. Wenn man auf der Autobahn durch Westdeutschland fährt, sieht man Deutschland nicht. Man sieht nur BMW, Mercedes und Audi, die sich überholen.

In der DDR geht es über Holperstraßen, aber dafür hört man die Geräusche der Bäume, die über den Straßen zusammenwachsen.

Es heißt, Friedrich der Große hätte die Bäume pflanzen lassen, damit seine Soldaten in ihrem Schatten marschieren. Unterwegs höre ich Rio Reisers „Der Traum ist aus", das mir Nina, das Mädchen aus der Prenzlauer-Berg-Kneipe, empfohlen hat. Gleich im ersten Plattenladen in Westberlin hatten sie es auf Kassette. Das Lied handelt von einem Land ohne Angst, Krieg und Ungerechtigkeit. Weil die DDR alle Bauern enteignete, ist die Landschaft, durch die ich fahre, kein Fleckenteppich wie bei uns. Es gibt keine markierten Flure, keine Bauernhöfe, kein ererbtes Land. Stattdessen endlose Kornfelder, Rapsfelder, Kartoffelfelder.

Den Bauern selbst gibt es nicht mehr.

Den Bauern, der aufsteht, wenn der Hahn kräht.

Den Bauern, der entscheidet, was er sät.

Den Bauern, der das Wetter riecht.

Es ist LPG-Land, Landwirtschaftliches-Produktionsgenossenschafts-Land. Es ist eine ideologische Landschaft von unbeabsichtigter Schönheit. Ein endloses Kornfeld ist schön wie ein goldfarbener Himmel.

Man darf nur neunzig fahren. Die Fahrt zieht sich, es sind 280 Kilometer von Berlin nach Weimar. Inzwischen kann ich Rio Reisers „Der Traum ist aus" auswendig.

„Ich hab geträumt, der Krieg ist vorbei.
Du wärst hier, und wir wären frei.
Und die Morgensonne schien.
Alle Türen waren offen,
die Gefängnisse war'n leer ...
Gibt es ein Land auf der Erde,
wo dieser Traum Wirklichkeit ist?"

Rio Reiser hat „Der Traum ist aus" in den Siebzigern geschrieben. Er war der Kultsänger der Westberliner Hausbesetzer.

1988, ein Jahr vor dem Mauerfall, sang Rio Reiser das Lied in der ausverkauften Werner-Seelenbinder-Halle in Ostberlin. 6000 Menschen sangen den Refrain mit.

„Ich weiß nur eins und da bin ich mir sicher:
Dieses Land ist es nicht.
Dieses Land ist es nicht."

Auf YouTube kann man sich das Konzert anhören und ansehen.
Viele weinen.
Feuerzeuglichter.
Nur junge Leute.
Mit hochgestreckten Armen.
Immer wieder spielt Rio Reiser den Refrain auf dem Flügel und die 6000 singen und singen: „Dieses Land ist es nicht. Dieses Land ist es nicht." Das DDR-Fernsehen, das zeitversetzt übertrug, hat die Szenen herausgeschnitten.

Gegen Mittag bin ich in Weimar, „der geistigen Hauptstadt Deutschlands". Ich hatte Angst vor Weimar. Ich hatte Angst vor dem Guten und Bösen in uns Deutschen.
In Weimar dichtete Goethe „Wandrers Nachtlied". Nur wenige Kilometer hoch, den Ettersberg hinauf, morden die Nazis im KZ Buchenwald.
Ich fahre den Ettersberg hoch, parke.
Es ist still. Keine Würstchenbuden, keine Ansichtskartenverkäufer.
Ich gehe durch das Tor des KZs mit der Inschrift „Jedem das Seine". Haare von Toten sehe ich, Kinderschuhe, Goldzähne, Brillen, Überreste der 56.000 Ermordeten. Auf dem KZ-Gelände Buchenwald stand Goethes Eiche. Goethe

picknickte gern auf dem Ettersberg und lehnte seinen Rücken gegen die prächtige Eiche. Da dichtete er:

„Über allen Gipfeln
Ist Ruh,
In allen Wipfeln
Spürest du
Kaum einen Hauch;
Die Vögelein schweigen im Walde.
Warte nur, balde
Ruhest du auch.

Weil Goethe immer Rast unter dieser Eiche machte, hieß sie bald „Goethes Eiche".

1944, bei einem alliierten Luftangriff, fing die Eiche Feuer, sie glühte tagelang. Für die Häftlinge war es ein Befreiungssignal. Die SS fällte Goethes Baum.

Von Weimar fahre ich nach Rügen zu Caspar David Friedrich, dem Maler der deutschen Seele. Ich will sein Bild besuchen, „Kreidefelsen auf Rügen". Es gibt drei Urbilder, die wir Deutschen im Herzen haben:

Dürers „Hände", Dürers „Hase" und den „Kreidefelsen auf Rügen".

Was mich umhaute, war, dass dieses Bild real ist. Man kann es betreten, sich darin aufhalten, als hätte die Leinwand eine Tür.

Woody Allen hat einmal einen Film gedreht, in dem der Zuschauer plötzlich im Film auftaucht.

So ergeht es einem auf dem „Kreidefelsen".

Einen Schritt weiter, und man stürzt von den gezackten Kreidefelsen hundert Meter tief in den Tod. Lässt man jedoch den Blick schweifen, verliert sich die Furcht. Man fühlt Erhabenheit. Ein wunderbarer Himmel steht über dem ruhigen Meer.

Die Magie auf dem Kreidefelsen ist, dass man gleichzeitig erschrocken und ergriffen ist. Man sieht die dunkle und helle Seite des Lebens. Die dunkle und helle Seite der deutschen Seele?

Es war Nachmittag, als ich auf Rügen ankam. Ich hatte Glück mit dem Wetter, es war das gleiche schöne Wetter wie auf dem Gemälde.

Rügen ist die größte deutsche Insel. Schon zur Zeit um Christi Geburt war Rügen besiedelt. Rugier nannten die Menschen sich, sie gehörten einem ostgermanischen Stamm an. Rügen liegt vor der pommerschen Ostseeküste. Der zwei Kilometer lange Rügendamm verbindet die Insel mit dem Festland.

Vor 2000 Jahren haben Menschen die Landschaft gesehen, die Caspar David Friedrich 1818 malte. Was sie vor 2000 Jahren fühlten, weiß ich nicht. Vielleicht fühlten sie überhaupt nichts, weil sie praktisch waren.

Wann bewölkt sich das Meer, wann kräuseln sich die Wellen im Wind? Wann ist es gefährlich hinauszufahren, um zu fischen? Es heißt, erst in der Romantik hätte der Mensch Gott in der Natur entdeckt. Vorher sei eine Landschaft eine Landschaft gewesen, deren Aufgabe es war, den Menschen zu ernähren. Ich weiß darüber zu wenig. Es ist das Urproblem eines Reporters.

Er weiß ein bisschen.

Vom Kreidefelsen hangelte ich mich auf einer mit Seilen zusammengehaltenen Holzleiter zur Küste hinunter. Man läuft sich die Füße kaputt über den steinigen Strand nach Sassnitz. Sassnitz ist der Fährhafen von Rügen, wo ich das Auto geparkt habe. Ich fahre nach Binz, Sellin.

Häuser können weinen.

Ich sehe Katzen, streunende Geschöpfe, die verfallene Pensionen bewohnen. Man kann erahnen, wie schön Rügen war. Kleine Ferienvillen mit Säuleneingängen, großzügige Balkone zum Meer. Thomas Mann verbrachte seine Sommerfrische hier. Rügen war das Sylt vor den Nazis, vor der DDR.

Es zerreisst einem das Herz, wenn man sieht, wie Bäume durch Häuser wachsen.

Die Fenster kaputt sind.

Die Balkone schief hängen.

Die Treppen zusammengebrochen sind.

1953 wurden die Besitzer der Ferienvillen, Hotels, Pensionen enteignet, viele wegen Wirtschaftskriminalität zu hohen Gefängnisstrafen verurteilt. Sie hatten angeblich noch privat vermietet. Aus den Hotelbetrieben wurden Unterkünfte für die Kasernierte Volkspolizei. Um die Insel herum schwammen Tellerminen in der Ostsee.

Auf der Kaimauer am Fährhafen Sassnitz sitzt ein junges Pärchen und beobachtet das Ablegen der Fähre nach Trelleborg.

Wie lange sie nach Schweden braucht?

Zwei Stunden, sagt der junge Mann.

Die beiden sind von hier. Sie ist Kindergärtnerin, er Fernsehtechniker, sie wollen nächstes Jahr heiraten. Sie haben eine freundliche, offene Art.

In vierzig Jahren fahre ich da mit, sagt sie.

Sie sieht, dass ich nicht kapiere.

In vierzig Jahren bin ich sechzig und Rentnerin. Als Rentnerin darf man auf die Fähre.

Ich muss warten, bis ich fünfundsechzig bin, sagt er. Dann kann ich auch auf die Fähre.

Sie mussten nur noch zwei Jahre warten.

Jetzt war 1987.

1989 fiel die Mauer.

Am 9. November 1989 war ich Chefredakteur von Bunte. Später Abend, ich redigierte diese idiotischen Bestenlisten. Die zwanzig klügsten, unmoralischsten, schönsten, verschwenderischsten Deutschen – von Uschi Glas, Gunter Sachs, Richard von Weizsäcker, Günter Grass bis Boris Becker. Als Babs Becker einmal mit zwanzig Einkaufstüten ankam, soll Boris gesagt haben: Ich hab doch nur dreimal Wimbledon gewonnen, nicht zehnmal.

Diesen Quatsch redigierte ich.

Gegen zehn, halb elf rief die Nachrichtenredaktion an. Ich solle den Fernseher einschalten. „In Berlin ist was."

Es ist lange her.

21 Jahre.

Weinte ich in dieser Nacht?

Ja, und ich betrank mich.

Die DDRler kamen, sie kamen in Scharen, Trabi-Stau auf der Autobahn. Sie fuhren in den Alpen herum, spazierten auf der Münchner Maximilianstraße, guckten in die Lobby des Hotel Atlantik in Hamburg, bestaunten die Lebensmittelabteilung des KaDeWe in Berlin. Waren in Düsseldorf, sahen Armbänder von Hermès, Cartier. Sie kamen, um zu finden, was sie im Westfernsehen gesehen hatten. Disneyland-BRD. Porsche, Mercedes sehen, Träume sehen, bei McDonald's einen Hamburger essen, einen frischen Orangensaft trinken. Hundert Mark Begrüßungsgeld gab es für jeden, der in den Westen kam. Am 9. November war die Mauer gefallen. Am 20. November, elf Tage später, hatten elf Millionen DDR-Bürger Westdeutschland besucht. Elf Millionen.

    Erinnerungen verblassen.
    Wie der erste Spaziergang mit der Freundin an einem See.
    Das erste Berühren der Hände.
    Das Nebeneinandergehen.
    Die gleichen Schritte.
    Was denkst du?
    Es ist schön.
    Ja, es ist schön.
    Pass auf, da ist ein Stein.
    Ja, ich pass auf.
    Es wird kalt, willst du meine Jacke?

    Hier endet der Brief an Deutschland.

PS: Dann kam die Treuhand, im Lausitzer Braunkohlerevier wurden 40.000 Kumpel entlassen, über Nacht wurden die Mieten in Ostdeutschland um 400 Prozent erhöht, von 50 Mark auf 250 Mark. Die Wessis gingen rüber, um den Ossis Leben, Lesen, Lieben beizubringen. Beate Uhse ging rüber, die Verleger Burda und Murdoch, ich. „Angeberwessi mit Bierflasche erschlagen" titelte ich in der neuen Super-Zeitung. Zwei Drittel der Ostdeutschen fühlen sich 20 Jahre nach der Wiedervereinigung als Bürger zweiter Klasse. Ernsthaft diskutieren Politiker, ob die DDR ein Unrechtsstaat war.

So viele Steine.

Deutschland, pass auf.

Dies ist kein guter letzter Satz.

Ich weiß, dass wir aufpassen.

Ich weiß es.

Ich weiß es.

Und Sie, lieber Leser, wissen es auch.

Verlagsgruppe Random House FSC-DEU-0100
Das für dieses Buch verwendete FSC®-zertifizierte Papier
Munken Premium liefert Arctic Paper Munkedals AB, Schweden

© 2010 Diederichs Verlag, München,
in der Verlagsgruppe Random House GmbH
Umschlaggestaltung: Weiss | Werkstatt | München
Druck und Bindung: GGP Media GmbH, Pößneck
Printed in Germany
ISBN 978-3-424-35041-8

www.diederichs-verlag.de